초판 8쇄 발행	2022년 9월 5일
초판 1쇄 발행	2016년 12월 8일

지은이	해커스 어학연구소
펴낸곳	(주)해커스 어학연구소
펴낸이	해커스 어학연구소 출판팀

주소	서울특별시 서초구 강남대로61길 23 (주)해커스 어학연구소
고객센터	02-537-5000
교재 관련 문의	publishing@hackers.com
동영상강의	HackersTalk.co.kr

ISBN	978-89-6542-202-0 (13740)
Serial Number	01-08-01

저작권자 ⓒ 2016, 해커스 어학연구소
이 책 및 음성파일의 모든 내용, 이미지, 디자인, 편집 형태에 대한 저작권은
저자에게 있습니다. 서면에 의한 저자와 출판사의 허락 없이 내용의 일부 혹은 전부를
인용, 발췌하거나 복제, 배포할 수 없습니다.

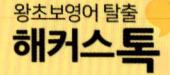

해커스톡(HackersTalk.co.kr)
· 패턴 학습법으로 누구나 쉽게 말하는 자동발사영어 강의 제공
· 따라만 해도 영어 말문이 트이는 교재 예문음성 MP3 무료 제공
· 체계적인 학습 커리큘럼으로 단계별 실력 완성 가능

해커스톡 영어회화 시리즈

해커스톡
자동발사
영어

왕초보 말문트기 2탄

왕초보영어 탈출

에코잉 학습법으로 영어 자동발사
해커스톡 자동발사영어

"가이드 없이 자유롭게 해외여행 하고 싶어요."

"외국 고객에게 안부인사를 할 수 있었으면 좋겠어요."

"유치원생 손자에게 영어 할 줄 아는 멋진 할머니가 되고 싶네요."

"쉽게, 바로, 자유롭게"
우리는 영어를 말하고 싶어 하죠.

해커스 자동발사영어와 함께라면,
문법이나 어려운 단어를 몰라도 영어로 말할 수 있어요!

"교환학생 가기 전, **영어울렁증 극복**하고 싶습니다."

"아이 **초등학교 입학 전** 영어 정도는 제가 직접 봐주고 싶어요."

해커스톡 자동발사영어
왕초보 말문트기 2탄

왕초보도 영어 자동발사!

어릴 때 영어 공부 참 열심히 했는데도 **영어 말하기는 늘 어렵기만 하죠.**
정작 영어로 말해야 하는 상황이 오면 머리 속이 뒤죽박죽이 되면서 간단한 말 한마디도 입 밖으로 꺼내기가 참 어려워요.

에코잉 학습법으로 영어 자동발사!

문법과 단어 잘 모르셔도 괜찮아요.
에코잉 학습법으로 따라만 하면 영어가 자동으로 발사 돼요!

> 📢 **에코잉 학습법이란?**
> 선생님이나 원어민의 음성을 듣고 메아리처럼 따라하는 학습법으로, 따라하기만 하면 자신도 모르게 문장의 내용을 귀로 듣고, 뇌로 이해하게 되는 동시에 발음이 교정된다. 이 학습법을 따라 훈련하다보면, 내가 생각하는 문장이 바로 영어로 나오게 된다.

이렇게 학습하세요

 따라하며 톡!

영어 문장을 큰 소리로 따라하며 영어 문장이 자동 발사 될 때까지 에코잉 해 보세요. 실제로 이 문장이 쓰이는 상황들과 함께 학습해 보세요.

 자동발사 톡!

주어진 상황을 떠올리며 우리말만 보고 영어로 자동발사 해 보세요. 자신도 모르게 영어가 자동발사가 될 수 있도록 합니다.

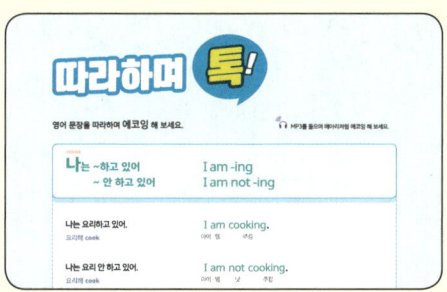

DAY 01 나는 일하고 있어. 7
I am working.

DAY 02 너는 일하고 있니? 17
Are you working?

DAY 03 나는 일하고 있었어. 27
I was working.

DAY 04 너는 일하고 있었니? 37
Were you working?

DAY 05 나는 여행 갈 거야. 47
I am going to travel.

DAY 06 나는 여행 안 갈 거야. 57
I am not going to travel.

DAY 07 너는 여행 갈 거니? 67
Are you going to travel?

DAY 08 나는 달려야만 해. 77
I have to run.

DAY 09 나는 안 달려도 돼. 87
I don't have to run.

DAY 10 나는 달려야만 하니? 97
Do I have to run?

해커스톡 자동발사영어
왕초보 말문트기 2탄

| **DAY 11** 나는 춤추고 싶어. | 107 |
I want to dance.

| **DAY 12** 나는 춤 안 추고 싶어. | 117 |
I don't want to dance.

| **DAY 13** 너는 춤추고 싶니? | 127 |
Do you want to dance?

| **DAY 14** 너의 이름은 무엇이니? | 137 |
What is your name?

| **DAY 15** 너의 직업은 어떠니? | 147 |
How is your job?

| **DAY 16** 너는 언제 공부하니? | 157 |
When do you study?

| **DAY 17** 너는 어디에서 공부하니? | 167 |
Where do you study?

| **DAY 18** 너는 왜 공부하니? | 177 |
Why do you study?

| **DAY 19** 나는 밤에 걸었어. | 187 |
I walked at night.

| **DAY 20** 나는 공원에서 걸었어. | 197 |
I walked in a park.

자동발사 최종 확인! [부록] 207

더글라스 선생님의
동영상강의

DAY 01 | 나는 일하고 있어.
I am working.

나는 ~하고 있어

'나는 일해'는 I work, '나는 일하고 있어'는 work 대신 am working을 사용하면 돼요.

I am working. 이렇게요.
아이 엠   월킹

영어 문장을 따라하며 에코잉 해 보세요.　　　🎧 MP3를 들으며 메아리처럼 에코잉 해 보세요.

| 나는 ~하고 있어 | I am -ing |
| ~ 안 하고 있어 | I am not -ing |

나는 요리하고 있어.　　　　　　　I am cooking.
요리해 cook　　　　　　　　　　아이 엠　　쿠킹

나는 요리 안 하고 있어.　　　　　　I am not cooking.
요리해 cook　　　　　　　　　　아이 엠　낫　쿠킹

나는 점심을 먹고 있어.　　　　　　I am eating lunch.
점심을 먹어 eat lunch　　　　　　아이 엠　　이팅　　런취

나는 점심을 안 먹고 있어.　　　　　I am not eating lunch.
점심을 먹어 eat lunch　　　　　　아이 엠　낫　이팅　런취

나는 영화를 보고 있어.　　　　　　I am watching a movie.
영화를 봐 watch a movie　　　　　아이 엠　　워칭　어　무비

나는 영화를 안 보고 있어.　　　　　I am not watching a movie.
영화를 봐 watch a movie　　　　　아이 엠　낫　워칭　어　무비

나는 책을 읽고 있어.　　　　　　　I am reading a book.
책을 읽어 read a book　　　　　　아이 엠　　뤼딩　어　북

나는 책을 안 읽고 있어.　　　　　　I am not reading a book.
책을 읽어 read a book　　　　　　아이 엠　낫　뤼딩　어　북

영어 문장을 따라하며 **에코잉** 해 보세요.

우리는 ~하고 있어　　　We are -ing
　　　　~ 안 하고 있어　　We are not -ing

우리는 요리하고 있어.
요리해 cook

We are cooking.
위　알　쿠킹

우리는 요리 안 하고 있어.
요리해 cook

We are not cooking.
위　알　낫　쿠킹

우리는 점심을 먹고 있어.
점심을 먹어 eat lunch

We are eating lunch.
위　알　이팅　런취

우리는 점심을 안 먹고 있어.
점심을 먹어 eat lunch

We are not eating lunch.
위　알　낫　이팅　런취

우리는 영화를 보고 있어.
영화를 봐 watch a movie

We are watching a movie.
위　알　워칭　어　무뷔

우리는 영화를 안 보고 있어.
영화를 봐 watch a movie

We are not watching a movie.
위　알　낫　워칭　어　무뷔

우리는 책을 읽고 있어.
책을 읽어 read a book

We are reading a book.
위　알　뤼딩　어　북

우리는 책을 안 읽고 있어.
책을 읽어 read a book

We are not reading a book.
위　알　낫　뤼딩　어　북

우리말만 보고 영어로 **자동발사** 해 보세요.   🎧 MP3를 들으며 자동발사가 되는지 확인해 보세요.

나는 ~하고 있어, ~ 안 하고 있어   I am -ing, I am not -ing

나는 요리하고 있어.   📢 I am cooking.

나는 요리 안 하고 있어.

나는 점심을 먹고 있어.

나는 점심을 안 먹고 있어.

나는 영화를 보고 있어.

나는 영화를 안 보고 있어.

나는 책을 읽고 있어.

나는 책을 안 읽고 있어.

우리는 ~하고 있어, ~ 안 하고 있어   We are -ing, We are not -ing

우리는 요리하고 있어.   📢 We are cooking.

우리는 요리 안 하고 있어.

우리는 점심을 먹고 있어.

우리는 점심을 안 먹고 있어.

우리는 영화를 보고 있어.

우리는 영화를 안 보고 있어.

우리는 책을 읽고 있어.

우리는 책을 안 읽고 있어.

다시 한 번 말해보면서 자동발사 되는지 **확인** 해 보세요.

나는 ~하고 있어, ~ 안 하고 있어

나는 요리하고 있어.	I am cooking.
나는 요리 안 하고 있어.	I am not cooking.
나는 점심을 먹고 있어.	I am eating lunch.
나는 점심을 안 먹고 있어.	I am not eating lunch.
나는 영화를 보고 있어.	I am watching a movie.
나는 영화를 안 보고 있어.	I am not watching a movie.
나는 책을 읽고 있어.	I am reading a book.
나는 책을 안 읽고 있어.	I am not reading a book.

우리는 ~하고 있어, ~ 안 하고 있어

우리는 요리하고 있어.	We are cooking.
우리는 요리 안 하고 있어.	We are not cooking.
우리는 점심을 먹고 있어.	We are eating lunch.
우리는 점심을 안 먹고 있어.	We are not eating lunch.
우리는 영화를 보고 있어.	We are watching a movie.
우리는 영화를 안 보고 있어.	We are not watching a movie.
우리는 책을 읽고 있어.	We are reading a book.
우리는 책을 안 읽고 있어.	We are not reading a book.

따라하며 톡!

영어 문장을 따라하며 에코잉 해 보세요. 🎧 MP3를 들으며 메아리처럼 에코잉 해 보세요.

| 그는 ~하고 있어 | He is -ing |
| ~ 안 하고 있어 | He is not -ing |

그는 요리하고 있어.
요리해 **cook**

He is cooking.
히 이즈 쿠킹

그는 요리 안 하고 있어.
요리해 **cook**

He is not cooking.
히 이즈 낫 쿠킹

그는 점심을 먹고 있어.
점심을 먹어 **eat lunch**

He is eating lunch.
히 이즈 이팅 런취

그는 점심을 안 먹고 있어.
점심을 먹어 **eat lunch**

He is not eating lunch.
히 이즈 낫 이팅 런취

그는 축구를 하고 있어.
축구를 해 **play soccer**

He is playing soccer.
히 이즈 플레잉 싸커

그는 축구를 안 하고 있어.
축구를 해 **play soccer**

He is not playing soccer.
히 이즈 낫 플레잉 싸커

그는 편지를 쓰고 있어.
편지를 써 **write a letter**

He is ⓦriting a letter.
히 이즈 롸이팅 어 레러

> write는 맨 끝의 e를 빼고 ing를 붙여요.

그는 편지를 안 쓰고 있어.
편지를 써 **write a letter**

He is not writing a letter.
히 이즈 낫 롸이팅 어 레러

영어 문장을 따라하며 **에코잉** 해 보세요.

그녀는 ~하고 있어 　　　She is -ing
　　　~ 안 하고 있어　　　She is not -ing

그녀는 요리하고 있어.
요리해 **cook**

She is cooking.
쉬　이즈　쿠킹

그녀는 요리 안 하고 있어.
요리해 **cook**

She is not cooking.
쉬　이즈　낫　쿠킹

그녀는 점심을 먹고 있어.
점심을 먹어 **eat lunch**

She is eating lunch.
쉬　이즈　이팅　런취

그녀는 점심을 안 먹고 있어.
점심을 먹어 **eat lunch**

She is not eating lunch.
쉬　이즈　낫　이팅　런취

그녀는 축구를 하고 있어.
축구를 해 **play soccer**

She is playing soccer.
쉬　이즈　플레잉　싸커

그녀는 축구를 안 하고 있어.
축구를 해 **play soccer**

She is not playing soccer.
쉬　이즈　낫　플레잉　싸커

그녀는 편지를 쓰고 있어.
편지를 써 **write a letter**

She is writing a letter.
쉬　이즈　롸이팅　어　레러

그녀는 편지를 안 쓰고 있어.
편지를 써 **write a letter**

She is not writing a letter.
쉬　이즈　낫　롸이팅　어　레러

우리말만 보고 영어로 **자동발사** 해 보세요. 🎧 MP3를 들으며 자동발사가 되는지 확인해 보세요.

그는 ~하고 있어, ~ 안 하고 있어   He is -ing, He is not -ing

그는 요리하고 있어.	📢 He is cooking.
그는 요리 안 하고 있어.	
그는 점심을 먹고 있어.	
그는 점심을 안 먹고 있어.	
그는 축구를 하고 있어.	
그는 축구를 안 하고 있어.	
그는 편지를 쓰고 있어.	
그는 편지를 안 쓰고 있어.	

그녀는 ~하고 있어, ~ 안 하고 있어   She is -ing, She is not -ing

그녀는 요리하고 있어.	📢 She is cooking.
그녀는 요리 안 하고 있어.	
그녀는 점심을 먹고 있어.	
그녀는 점심을 안 먹고 있어.	
그녀는 축구를 하고 있어.	
그녀는 축구를 안 하고 있어.	
그녀는 편지를 쓰고 있어.	
그녀는 편지를 안 쓰고 있어.	

다시 한 번 말해보면서 자동발사 되는지 **확인** 해 보세요.

그는 ~하고 있어, ~ 안 하고 있어

그는 요리하고 있어.	He is cooking.
그는 요리 안 하고 있어.	He is not cooking.
그는 점심을 먹고 있어.	He is eating lunch.
그는 점심을 안 먹고 있어.	He is not eating lunch.
그는 축구를 하고 있어.	He is playing soccer.
그는 축구를 안 하고 있어.	He is not playing soccer.
그는 편지를 쓰고 있어.	He is writing a letter.
그는 편지를 안 쓰고 있어.	He is not writing a letter.

그녀는 ~하고 있어, ~ 안 하고 있어

그녀는 요리하고 있어.	She is cooking.
그녀는 요리 안 하고 있어.	She is not cooking.
그녀는 점심을 먹고 있어.	She is eating lunch.
그녀는 점심을 안 먹고 있어.	She is not eating lunch.
그녀는 축구를 하고 있어.	She is playing soccer.
그녀는 축구를 안 하고 있어.	She is not playing soccer.
그녀는 편지를 쓰고 있어.	She is writing a letter.
그녀는 편지를 안 쓰고 있어.	She is not writing a letter.

더글라스 선생님의
동영상강의

DAY 02 | 너는 일하고 있니?
Are you working?

너는 ~하고 있니?

> 너는 일하고 있니?

어머나~ 바닷가는 공기부터가 달라~

휴가 와서 약 올리기 꿀잼!

'너는 일하고 있어'는 You are working, '너는 일하고 있니?'는 You보다 **are**을 먼저 말하면 돼요.

 **Are you working?** 이렇게요.
알 유 월킹

따라하며 톡!

영어 문장을 따라하며 에코잉 해 보세요.   🎧 MP3를 들으며 메아리처럼 에코잉 해 보세요.

너는 ~하고 있니?	Are you -ing

너는 요리하고 있니?
요리해 cook

Are you cooking?
알 유 쿠킹

너는 자고 있니?
자 sleep

Are you sleeping?
알 유 슬리핑

너는 수지를 만나고 있니?
수지를 만나 meet 수지

Are you meeting 수지?
알 유 미팅 수지

너는 이메일을 확인하고 있니?
이메일을 확인해 check e-mail

Are you checking e-mail?
알 유 췌킹 이메일

너는 영어를 공부하고 있니?
영어를 공부해 study English

Are you studying English?
알 유 스터딩 잉글리쉬

너는 민호를 돕고 있니?
민호를 도와 help 민호

Are you helping 민호?
알 유 헬핑 민호

너는 방을 청소하고 있니?
방을 청소해 clean a room

Are you cleaning a room?
알 유 클리닝 어 룸

너는 파스타를 만들고 있니?
파스타를 만들어 make pasta

Are you making pasta?
알 유 메이킹 파스타

> make는 맨 끝의 e를 빼고 ing를 붙여요.

영어 문장을 따라하며 **에코잉** 해 보세요.

그들은 ~하고 있니?   Are they -ing

그들은 요리하고 있니?
요리해 cook
Are they cooking?
알 데이 쿠킹

그들은 자고 있니?
자 sleep
Are they sleeping?
알 데이 슬리핑

그들은 수지를 만나고 있니?
수지를 만나 meet 수지
Are they meeting 수지?
알 데이 미팅 수지

그들은 이메일을 확인하고 있니?
이메일을 확인해 check e-mail
Are they checking e-mail?
알 데이 췌킹 이메일

그들은 영어를 공부하고 있니?
영어를 공부해 study English
Are they studying English?
알 데이 스터딩 잉글리쉬

그들은 민호를 돕고 있니?
민호를 도와 help 민호
Are they helping 민호?
알 데이 헬핑 민호

그들은 방을 청소하고 있니?
방을 청소해 clean a room
Are they cleaning a room?
알 데이 클리닝 어 룸

그들은 파스타를 만들고 있니?
파스타를 만들어 make pasta
Are they making pasta?
알 데이 메이킹 파스타

우리말만 보고 영어로 **자동발사** 해 보세요. MP3를 들으며 자동발사가 되는지 확인해 보세요.

너는 ~하고 있니?   Are you -ing

너는 요리하고 있니?   📢 Are you cooking?
너는 자고 있니?
너는 수지를 만나고 있니?
너는 이메일을 확인하고 있니?
너는 영어를 공부하고 있니?
너는 민호를 돕고 있니?
너는 방을 청소하고 있니?
너는 파스타를 만들고 있니?

그들은 ~하고 있니?   Are they -ing

그들은 요리하고 있니?   📢 Are they cooking?
그들은 자고 있니?
그들은 수지를 만나고 있니?
그들은 이메일을 확인하고 있니?
그들은 영어를 공부하고 있니?
그들은 민호를 돕고 있니?
그들은 방을 청소하고 있니?
그들은 파스타를 만들고 있니?

다시 한 번 말해보면서 자동발사 되는지 **확인** 해 보세요.

너는 ~하고 있니?

너는 요리하고 있니?	Are you cooking?
너는 자고 있니?	Are you sleeping?
너는 수지를 만나고 있니?	Are you meeting 수지?
너는 이메일을 확인하고 있니?	Are you checking e-mail?
너는 영어를 공부하고 있니?	Are you studying English?
너는 민호를 돕고 있니?	Are you helping 민호?
너는 방을 청소하고 있니?	Are you cleaning a room?
너는 파스타를 만들고 있니?	Are you making pasta?

그들은 ~하고 있니?

그들은 요리하고 있니?	Are they cooking?
그들은 자고 있니?	Are they sleeping?
그들은 수지를 만나고 있니?	Are they meeting 수지?
그들은 이메일을 확인하고 있니?	Are they checking e-mail?
그들은 영어를 공부하고 있니?	Are they studying English?
그들은 민호를 돕고 있니?	Are they helping 민호?
그들은 방을 청소하고 있니?	Are they cleaning a room?
그들은 파스타를 만들고 있니?	Are they making pasta?

따라하며 톡!

영어 문장을 따라하며 에코잉 해 보세요.

🎧 MP3를 들으며 메아리처럼 에코잉 해 보세요.

그는 ~하고 있니?   Is he -ing

그는 요리하고 있니?
요리해 cook
Is he cooking?
이즈 히 쿠킹

그는 자고 있니?
자 sleep
Is he sleeping?
이즈 히 슬리핑

그는 수지를 만나고 있니?
수지를 만나 meet 수지
Is he meeting 수지?
이즈 히 미팅 수지

그는 이메일을 확인하고 있니?
이메일을 확인해 check e-mail
Is he checking e-mail?
이즈 히 췌킹 이메일

그는 부산을 방문하고 있니?
부산을 방문해 visit 부산
Is he visiting 부산?
이즈 히 뷔지팅 부산

그는 맥주를 마시고 있니?
맥주를 마셔 drink beer
Is he drinking beer?
이즈 히 드륑킹 비어

그는 그림을 그리고 있니?
그림을 그려 draw a picture
Is he drawing a picture?
이즈 히 드로윙 어 픽쳐

그는 자동차를 운전하고 있니?
자동차를 운전해 drive a car
Is he driving a car?
이즈 히 드라이빙 어 카

> drive는 맨 끝의 e를 빼고 ing를 붙여요.

영어 문장을 따라하며 에코잉 해 보세요.

그녀는 ~하고 있니?　　　　Is she -ing

그녀는 요리하고 있니?　　　　　　**Is she cooking?**
요리해 cook　　　　　　　　　　　이즈　쉬　쿠킹

그녀는 자고 있니?　　　　　　　　**Is she sleeping?**
자 sleep　　　　　　　　　　　　　이즈　쉬　슬리핑

그녀는 수지를 만나고 있니?　　　　**Is she meeting 수지?**
수지를 만나 meet 수지　　　　　　이즈　쉬　미팅　수지

그녀는 이메일을 확인하고 있니?　　**Is she checking e-mail?**
이메일을 확인해 check e-mail　　　이즈　쉬　췌킹　이메일

그녀는 부산을 방문하고 있니?　　　**Is she visiting 부산?**
부산을 방문해 visit 부산　　　　　이즈　쉬　뷔지팅　부산

그녀는 맥주를 마시고 있니?　　　　**Is she drinking beer?**
맥주를 마셔 drink beer　　　　　　이즈　쉬　드륑킹　비어

그녀는 그림을 그리고 있니?　　　　**Is she drawing a picture?**
그림을 그려 draw a picture　　　　이즈　쉬　드로윙　어　픽쳐

그녀는 자동차를 운전하고 있니?　　**Is she driving a car?**
자동차를 운전해 drive a car　　　　이즈　쉬　드라이빙　어　카

자동발사 톡!

우리말만 보고 영어로 **자동발사** 해 보세요.   🎧 MP3를 들으며 자동발사가 되는지 확인해 보세요.

그는 ~하고 있니?   Is he -ing

그는 요리하고 있니?	📢 Is he cooking?
그는 자고 있니?	
그는 수지를 만나고 있니?	
그는 이메일을 확인하고 있니?	
그는 부산을 방문하고 있니?	
그는 맥주를 마시고 있니?	
그는 그림을 그리고 있니?	
그는 자동차를 운전하고 있니?	

그녀는 ~하고 있니?   Is she -ing

그녀는 요리하고 있니?	📢 Is she cooking?
그녀는 자고 있니?	
그녀는 수지를 만나고 있니?	
그녀는 이메일을 확인하고 있니?	
그녀는 부산을 방문하고 있니?	
그녀는 맥주를 마시고 있니?	
그녀는 그림을 그리고 있니?	
그녀는 자동차를 운전하고 있니?	

다시 한 번 말해보면서 자동발사 되는지 **확인** 해 보세요.

그는 ~하고 있니?

그는 요리하고 있니?	Is he cooking?
그는 자고 있니?	Is he sleeping?
그는 수지를 만나고 있니?	Is he meeting 수지?
그는 이메일을 확인하고 있니?	Is he checking e-mail?
그는 부산을 방문하고 있니?	Is he visiting 부산?
그는 맥주를 마시고 있니?	Is he drinking beer?
그는 그림을 그리고 있니?	Is he drawing a picture?
그는 자동차를 운전하고 있니?	Is he driving a car?

그녀는 ~하고 있니?

그녀는 요리하고 있니?	Is she cooking?
그녀는 자고 있니?	Is she sleeping?
그녀는 수지를 만나고 있니?	Is she meeting 수지?
그녀는 이메일을 확인하고 있니?	Is she checking e-mail?
그녀는 부산을 방문하고 있니?	Is she visiting 부산?
그녀는 맥주를 마시고 있니?	Is she drinking beer?
그녀는 그림을 그리고 있니?	Is she drawing a picture?
그녀는 자동차를 운전하고 있니?	Is she driving a car?

무료 기초영어 강의·교재 MP3 제공 | HackersTalk.co.kr

DAY 03 | 나는 일하고 있었어.
I was working.

나는 ~하고 있었어

'나는 일하고 있어'는 I am working, '나는 일하고 있었어'는 am 대신 was를 사용하면 돼요.

 **I was working.** 이렇게요.
아이   워즈   월킹

따라하며 톡!

영어 문장을 따라하며 에코잉 해 보세요. 🎧 MP3를 들으며 메아리처럼 에코잉 해 보세요.

| 나는 ~하고 있었어 | I was -ing |
| ~ 안 하고 있었어 | I was not -ing |

나는 노래하고 있었어.
노래해 sing
I was singing.
아이 워즈 씽잉

나는 노래 안 하고 있었어.
노래해 sing
I was not singing.
아이 워즈 낫 씽잉

나는 그 자동차를 고치고 있었어.
그 자동차를 고쳐 fix the car
I was fixing the car.   the는 '그'라는 의미예요.
아이 워즈 픽싱 더 카

나는 그 자동차를 안 고치고 있었어.
그 자동차를 고쳐 fix the car
I was not fixing the car.
아이 워즈 낫 픽싱 더 카

나는 골프를 치고 있었어.
골프를 쳐 play golf
I was playing golf.
아이 워즈 플레잉 골프

나는 골프를 안 치고 있었어.
골프를 쳐 play golf
I was not playing golf.
아이 워즈 낫 플레잉 골프

나는 그 파티를 즐기고 있었어.
그 파티를 즐겨 enjoy the party
I was enjoying the party.
아이 워즈 인조잉 더 파뤼

나는 그 파티를 안 즐기고 있었어.
그 파티를 즐겨 enjoy the party
I was not enjoying the party.
아이 워즈 낫 인조잉 더 파뤼

영어 문장을 따라하며 에코잉 해 보세요.

우리는 ~하고 있었어 / ~ 안 하고 있었어

We were -ing
We were not -ing

우리는 노래하고 있었어.
노래해 sing

We were singing.
위 월 씽잉

우리는 노래 안 하고 있었어.
노래해 sing

We were not singing.
위 월 낫 씽잉

우리는 그 자동차를 고치고 있었어.
그 자동차를 고쳐 fix the car

We were fixing the car.
위 월 퓍씽 더 카

우리는 그 자동차를 안 고치고 있었어.
그 자동차를 고쳐 fix the car

We were not fixing the car.
위 월 낫 퓍씽 더 카

우리는 골프를 치고 있었어.
골프를 쳐 play golf

We were playing golf.
위 월 플레잉 골프

우리는 골프를 안 치고 있었어.
골프를 쳐 play golf

We were not playing golf.
위 월 낫 플레잉 골프

우리는 그 파티를 즐기고 있었어.
그 파티를 즐겨 enjoy the party

We were enjoying the party.
위 월 인조잉 더 파뤼

우리는 그 파티를 안 즐기고 있었어.
그 파티를 즐겨 enjoy the party

We were not enjoying the party.
위 월 낫 인조잉 더 파뤼

우리말만 보고 영어로 **자동발사** 해 보세요.   MP3를 들으며 자동발사가 되는지 확인해 보세요.

나는 ~하고 있었어, ~ 안 하고 있었어   I was -ing, I was not -ing

나는 노래하고 있었어.	📣 I was singing.
나는 노래 안 하고 있었어.	
나는 그 자동차를 고치고 있었어.	
나는 그 자동차를 안 고치고 있었어.	
나는 골프를 치고 있었어.	
나는 골프를 안 치고 있었어.	
나는 그 파티를 즐기고 있었어.	
나는 그 파티를 안 즐기고 있었어.	

우리는 ~하고 있었어, ~ 안 하고 있었어   We were -ing, We were not -ing

우리는 노래하고 있었어.	📣 We were singing.
우리는 노래 안 하고 있었어.	
우리는 그 자동차를 고치고 있었어.	
우리는 그 자동차를 안 고치고 있었어.	
우리는 골프를 치고 있었어.	
우리는 골프를 안 치고 있었어.	
우리는 그 파티를 즐기고 있었어.	
우리는 그 파티를 안 즐기고 있었어.	

다시 한 번 말해보면서 자동발사 되는지 **확인** 해 보세요.

나는 ~하고 있었어, ~ 안 하고 있었어

나는 노래하고 있었어.	I was singing.
나는 노래 안 하고 있었어.	I was not singing.
나는 그 자동차를 고치고 있었어.	I was fixing the car.
나는 그 자동차를 안 고치고 있었어.	I was not fixing the car.
나는 골프를 치고 있었어.	I was playing golf.
나는 골프를 안 치고 있었어.	I was not playing golf.
나는 그 파티를 즐기고 있었어.	I was enjoying the party.
나는 그 파티를 안 즐기고 있었어.	I was not enjoying the party.

우리는 ~하고 있었어, ~ 안 하고 있었어

우리는 노래하고 있었어.	We were singing.
우리는 노래 안 하고 있었어.	We were not singing.
우리는 그 자동차를 고치고 있었어.	We were fixing the car.
우리는 그 자동차를 안 고치고 있었어.	We were not fixing the car.
우리는 골프를 치고 있었어.	We were playing golf.
우리는 골프를 안 치고 있었어.	We were not playing golf.
우리는 그 파티를 즐기고 있었어.	We were enjoying the party.
우리는 그 파티를 안 즐기고 있었어.	We were not enjoying the party.

따라하며 톡!

영어 문장을 따라하며 에코잉 해 보세요. 🎧 MP3를 들으며 메아리처럼 에코잉 해 보세요.

| 그는 ~하고 있었어 | He was -ing |
| ~ 안 하고 있었어 | He was not -ing |

그는 노래하고 있었어.
노래해 **sing**

He was singing.
히   워즈   씽잉

그는 노래 안 하고 있었어.
노래해 **sing**

He was not singing.
히   워즈   낫   씽잉

그는 그 자동차를 고치고 있었어.
그 자동차를 고쳐 **fix the car**

He was fixing the car.
히   워즈   퓍씽   더   카

그는 그 자동차를 안 고치고 있었어.
그 자동차를 고쳐 **fix the car**

He was not fixing the car.
히   워즈   낫   퓍씽   더   카

그는 TV를 보고 있었어.
TV를 봐 **watch TV**

He was watching TV.
히   워즈   워칭   티뷔

그는 TV를 안 보고 있었어.
TV를 봐 **watch TV**

He was not watching TV.
히   워즈   낫   워칭   티뷔

그는 파이를 굽고 있었어.
파이를 구워 **bake a pie**

He was baking a pie.
히   워즈   베이킹   어   파이

> bake는 맨 끝의 e를 빼고 ing를 붙여요.

그는 파이를 안 굽고 있었어.
파이를 구워 **bake a pie**

He was not baking a pie.
히   워즈   낫   베이킹   어   파이

영어 문장을 따라하며 에코잉 해 보세요.

> ## 그녀는 ~하고 있었어
> ## ~ 안 하고 있었어
>
> ## She was -ing
> ## She was not -ing

그녀는 노래하고 있었어.
노래해 sing

She was singing.
쉬 워즈 씽잉

그녀는 노래 안 하고 있었어.
노래해 sing

She was not singing.
쉬 워즈 낫 씽잉

그녀는 그 자동차를 고치고 있었어.
그 자동차를 고쳐 fix the car

She was fixing the car.
쉬 워즈 퓍씽 더 카

그녀는 그 자동차를 안 고치고 있었어.
그 자동차를 고쳐 fix the car

She was not fixing the car.
쉬 워즈 낫 퓍씽 더 카

그녀는 TV를 보고 있었어.
TV를 봐 watch TV

She was watching TV.
쉬 워즈 워칭 티뷔

그녀는 TV를 안 보고 있었어.
TV를 봐 watch TV

She was not watching TV.
쉬 워즈 낫 워칭 티뷔

그녀는 파이를 굽고 있었어.
파이를 구워 bake a pie

She was baking a pie.
쉬 워즈 베이킹 어 파이

그녀는 파이를 안 굽고 있었어.
파이를 구워 bake a pie

She was not baking a pie.
쉬 워즈 낫 베이킹 어 파이

우리말만 보고 영어로 **자동발사** 해 보세요.   MP3를 들으며 자동발사가 되는지 확인해 보세요.

그는 ~하고 있었어, ~ 안 하고 있었어   He was -ing, He was not -ing

그는 노래하고 있었어.	He was singing.
그는 노래 안 하고 있었어.	
그는 그 자동차를 고치고 있었어.	
그는 그 자동차를 안 고치고 있었어.	
그는 TV를 보고 있었어.	
그는 TV를 안 보고 있었어.	
그는 파이를 굽고 있었어.	
그는 파이를 안 굽고 있었어.	

그녀는 ~하고 있었어, ~ 안 하고 있었어   She was -ing, She was not -ing

그녀는 노래하고 있었어.	She was singing.
그녀는 노래 안 하고 있었어.	
그녀는 그 자동차를 고치고 있었어.	
그녀는 그 자동차를 안 고치고 있었어.	
그녀는 TV를 보고 있었어.	
그녀는 TV를 안 보고 있었어.	
그녀는 파이를 굽고 있었어.	
그녀는 파이를 안 굽고 있었어.	

다시 한 번 말해보면서 자동발사 되는지 **확인** 해 보세요.

그는 ~하고 있었어, ~ 안 하고 있었어

그는 노래하고 있었어.	He was singing.
그는 노래 안 하고 있었어.	He was not singing.
그는 그 자동차를 고치고 있었어.	He was fixing the car.
그는 그 자동차를 안 고치고 있었어.	He was not fixing the car.
그는 TV를 보고 있었어.	He was watching TV.
그는 TV를 안 보고 있었어.	He was not watching TV.
그는 파이를 굽고 있었어.	He was baking a pie.
그는 파이를 안 굽고 있었어.	He was not baking a pie.

그녀는 ~하고 있었어, ~ 안 하고 있었어

그녀는 노래하고 있었어.	She was singing.
그녀는 노래 안 하고 있었어.	She was not singing.
그녀는 그 자동차를 고치고 있었어.	She was fixing the car.
그녀는 그 자동차를 안 고치고 있었어.	She was not fixing the car.
그녀는 TV를 보고 있었어.	She was watching TV.
그녀는 TV를 안 보고 있었어.	She was not watching TV.
그녀는 파이를 굽고 있었어.	She was baking a pie.
그녀는 파이를 안 굽고 있었어.	She was not baking a pie.

더글라스 선생님의
동영상강의

따라만 해도 영어가
술술 나오는 에코잉놀이!

DAY 04 | 너는 일하고 있었니?

Were you working?

너는 ~하고 있었니?

'너는 일하고 있니?'는 Are you working?, '너는 일하고 있었니?'는 are 대신 **were**을 사용하면 돼요.

 **Were you working?** 이렇게요.

월 유 월킹

영어 문장을 따라하며 에코잉 해 보세요. 🎧 MP3를 들으며 메아리처럼 에코잉 해 보세요.

너는 ~하고 있었니?   Were you -ing

너는 노래하고 있었니?
노래해 sing
Were you singing?
월 유 씽잉

너는 걷고 있었니?
걸어 walk
Were you walking?
월 유 워킹

너는 민수를 돕고 있었니?
민수를 도와 help 민수
Were you helping 민수?
월 유 헬핑 민수

너는 신문을 읽고 있었니?
신문을 읽어 read a newspaper
Were you reading a newspaper?
월 유 뤼딩 어 뉴스페이퍼

너는 역사를 공부하고 있었니?
역사를 공부해 study history
Were you studying history?
월 유 스터딩 히스토리

너는 자동차를 운전하고 있었니?
자동차를 운전해 drive a car
Were you driving a car?
월 유 드라이빙 어 카

너는 저녁을 먹고 있었니?
저녁을 먹어 eat dinner
Were you eating dinner?
월 유 이팅 디너

너는 샌드위치를 만들고 있었니?
샌드위치를 만들어 make a sandwich
Were you making a sandwich?
월 유 메이킹 어 샌드위치

영어 문장을 따라하며 **에코잉** 해 보세요.

그들은 ~하고 있었니?   Were they -ing

그들은 노래하고 있었니?
노래해 sing
Were they singing?
월   데이   씽잉

그들은 걷고 있었니?
걸어 walk
Were they walking?
월   데이   워킹

그들은 민수를 돕고 있었니?
민수를 도와 help 민수
Were they helping 민수?
월   데이   헬핑   민수

그들은 신문을 읽고 있었니?
신문을 읽어 read a newspaper
Were they reading a newspaper?
월   데이   뤼딩   어   뉴스페이퍼

그들은 역사를 공부하고 있었니?
역사를 공부해 study history
Were they studying history?
월   데이   스터딩   히스토리

그들은 자동차를 운전하고 있었니?
자동차를 운전해 drive a car
Were they driving a car?
월   데이   드라이빙   어   카

그들은 저녁을 먹고 있었니?
저녁을 먹어 eat dinner
Were they eating dinner?
월   데이   이팅   디너

그들은 샌드위치를 만들고 있었니?
샌드위치를 만들어 make a sandwich
Were they making a sandwich?
월   데이   메이킹   어   샌드위치

자동발사 톡!

우리말만 보고 영어로 **자동발사** 해 보세요.   🎧 MP3를 들으며 자동발사가 되는지 확인해 보세요.

너는 ~하고 있었니?   Were you -ing

너는 노래하고 있었니?   📢 Were you singing?
너는 걷고 있었니?
너는 민수를 돕고 있었니?
너는 신문을 읽고 있었니?
너는 역사를 공부하고 있었니?
너는 자동차를 운전하고 있었니?
너는 저녁을 먹고 있었니?
너는 샌드위치를 만들고 있었니?

그들은 ~하고 있었니?   Were they -ing

그들은 노래하고 있었니?   📢 Were they singing?
그들은 걷고 있었니?
그들은 민수를 돕고 있었니?
그들은 신문을 읽고 있었니?
그들은 역사를 공부하고 있었니?
그들은 자동차를 운전하고 있었니?
그들은 저녁을 먹고 있었니?
그들은 샌드위치를 만들고 있었니?

다시 한 번 말해보면서 자동발사 되는지 **확인** 해 보세요.

너는 ~하고 있었니?

너는 노래하고 있었니?	Were you singing?
너는 걷고 있었니?	Were you walking?
너는 민수를 돕고 있었니?	Were you helping 민수?
너는 신문을 읽고 있었니?	Were you reading a newspaper?
너는 역사를 공부하고 있었니?	Were you studying history?
너는 자동차를 운전하고 있었니?	Were you driving a car?
너는 저녁을 먹고 있었니?	Were you eating dinner?
너는 샌드위치를 만들고 있었니?	Were you making a sandwich?

그들은 ~하고 있었니?

그들은 노래하고 있었니?	Were they singing?
그들은 걷고 있었니?	Were they walking?
그들은 민수를 돕고 있었니?	Were they helping 민수?
그들은 신문을 읽고 있었니?	Were they reading a newspaper?
그들은 역사를 공부하고 있었니?	Were they studying history?
그들은 자동차를 운전하고 있었니?	Were they driving a car?
그들은 저녁을 먹고 있었니?	Were they eating dinner?
그들은 샌드위치를 만들고 있었니?	Were they making a sandwich?

영어 문장을 따라하며 에코잉 해 보세요.   🎧 MP3를 들으며 메아리처럼 에코잉 해 보세요.

그는 ~하고 있었니?	Was he -ing

그는 노래하고 있었니?
노래해 sing

Was he singing?
워즈   히   씽잉

그는 걷고 있었니?
걸어 walk

Was he walking?
워즈   히   워킹

그는 민수를 돕고 있었니?
민수를 도와 help 민수

Was he helping 민수?
워즈   히   헬핑   민수

그는 신문을 읽고 있었니?
신문을 읽어 read a newspaper

Was he reading a newspaper?
워즈   히   뤼딩   어   뉴스페이퍼

그는 그림을 그리고 있었니?
그림을 그려 draw a picture

Was he drawing a picture?
워즈   히   드로윙   어   픽쳐

그는 그 욕실을 청소하고 있었니?
그 욕실을 청소해 clean the bathroom

Was he cleaning the bathroom?
워즈   히   클리닝   더   배쓰룸

그는 커피를 마시고 있었니?
커피를 마셔 drink coffee

Was he drinking coffee?
워즈   히   드링킹   커피

그는 자전거를 타고 있었니?
자전거를 타 ride a bicycle

Was he riding a bicycle?
워즈   히   롸이딩   어   바이씨클

> ride는 맨 끝의 e를 빼고 ing를 붙여요.

영어 문장을 따라하며 **에코잉** 해 보세요.

> ## 그녀는 ~하고 있었니?   Was she -ing

그녀는 노래하고 있었니?
노래해 sing

Was she singing?
워즈 쉬 씽잉

그녀는 걷고 있었니?
걸어 walk

Was she walking?
워즈 쉬 워킹

그녀는 민수를 돕고 있었니?
민수를 도와 help 민수

Was she helping 민수?
워즈 쉬 헬핑 민수

그녀는 신문을 읽고 있었니?
신문을 읽어 read a newspaper

Was she reading a newspaper?
워즈 쉬 뤼딩 어 뉴스페이퍼

그녀는 그림을 그리고 있었니?
그림을 그려 draw a picture

Was she drawing a picture?
워즈 쉬 드로윙 어 픽쳐

그녀는 그 욕실을 청소하고 있었니?
그 욕실을 청소해 clean the bathroom

Was she cleaning the bathroom?
워즈 쉬 클리닝 더 배쓰룸

그녀는 커피를 마시고 있었니?
커피를 마셔 drink coffee

Was she drinking coffee?
워즈 쉬 드륑킹 커피

그녀는 자전거를 타고 있었니?
자전거를 타 ride a bicycle

Was she riding a bicycle?
워즈 쉬 라이딩 어 바이씨클

우리말만 보고 영어로 **자동발사** 해 보세요.　　🎧 MP3를 들으며 자동발사가 되는지 확인해 보세요.

그는 ~하고 있었니?　　　　Was he -ing

그는 노래하고 있었니?	📣 Was he singing?
그는 걷고 있었니?	
그는 민수를 돕고 있었니?	
그는 신문을 읽고 있었니?	
그는 그림을 그리고 있었니?	
그는 그 욕실을 청소하고 있었니?	
그는 커피를 마시고 있었니?	
그는 자전거를 타고 있었니?	

그녀는 ~하고 있었니?　　　　Was she -ing

그녀는 노래하고 있었니?	📣 Was she singing?
그녀는 걷고 있었니?	
그녀는 민수를 돕고 있었니?	
그녀는 신문을 읽고 있었니?	
그녀는 그림을 그리고 있었니?	
그녀는 그 욕실을 청소하고 있었니?	
그녀는 커피를 마시고 있었니?	
그녀는 자전거를 타고 있었니?	

다시 한 번 말해보면서 자동발사 되는지 **확인** 해 보세요.

그는 ~하고 있었니?

그는 노래하고 있었니?	Was he singing?
그는 걷고 있었니?	Was he walking?
그는 민수를 돕고 있었니?	Was he helping 민수?
그는 신문을 읽고 있었니?	Was he reading a newspaper?
그는 그림을 그리고 있었니?	Was he drawing a picture?
그는 그 욕실을 청소하고 있었니?	Was he cleaning the bathroom?
그는 커피를 마시고 있었니?	Was he drinking coffee?
그는 자전거를 타고 있었니?	Was he riding a bicycle?

그녀는 ~하고 있었니?

그녀는 노래하고 있었니?	Was she singing?
그녀는 걷고 있었니?	Was she walking?
그녀는 민수를 돕고 있었니?	Was she helping 민수?
그녀는 신문을 읽고 있었니?	Was she reading a newspaper?
그녀는 그림을 그리고 있었니?	Was she drawing a picture?
그녀는 그 욕실을 청소하고 있었니?	Was she cleaning the bathroom?
그녀는 커피를 마시고 있었니?	Was she drinking coffee?
그녀는 자전거를 타고 있었니?	Was she riding a bicycle?

DAY 05 | 나는 여행 갈 거야.
I am going to travel.

나는 ~할 거야

> 나는 여행 갈 거야.

1박 2일 여행에 집을 통째로 옮길 기세

'여행 가'는 **travel**, '나는 여행 갈 거야'는 그 앞에 **I am going to**를 붙이면 돼요.

 **I am going to travel.** 이렇게요.
아이 엠   고잉   투   트뤠블

영어 문장을 따라하며 에코잉 해 보세요. 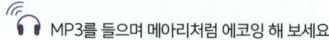 MP3를 들으며 메아리처럼 에코잉 해 보세요.

나는 ~할 거야   I am going to ~

나는 떠날 거야.
떠나 leave
I am going to leave.
아이 엠 고잉 투 리브

나는 수영할 거야.
수영해 swim
I am going to swim.
아이 엠 고잉 투 스윔

나는 물을 아낄 거야.
물을 아껴 save water
I am going to save water.
아이 엠 고잉 투 쎄이브 워러

나는 집을 살 거야.
집을 사 buy a house
I am going to buy a house.
아이 엠 고잉 투 바이 어 하우스

나는 버스를 탈 거야.
버스를 타 take a bus
I am going to take a bus.
아이 엠 고잉 투 테이크 어 버스

나는 음식을 가져올 거야.
음식을 가져와 bring food
I am going to bring food.
아이 엠 고잉 투 브링 푸드

나는 지우를 초대할 거야.
지우를 초대해 invite 지우
I am going to invite 지우.
아이 엠 고잉 투 인봐이트 지우

나는 그 게임을 이길 거야.
그 게임을 이겨 win the game
I am going to win the game.
아이 엠 고잉 투 윈 더 게임

영어 문장을 따라하며 에코잉 해 보세요.

우리는 ~할 거야   We are going to ~

우리는 떠날 거야.
떠나 leave

We are going to leave.
위 알 고잉 투 리브

우리는 수영할 거야.
수영해 swim

We are going to swim.
위 알 고잉 투 스윔

우리는 물을 아낄 거야.
물을 아껴 save water

We are going to save water.
위 알 고잉 투 쎄이브 워러

우리는 집을 살 거야.
집을 사 buy a house

We are going to buy a house.
위 알 고잉 투 바이 어 하우스

우리는 버스를 탈 거야.
버스를 타 take a bus

We are going to take a bus.
위 알 고잉 투 테이크 어 버스

우리는 음식을 가져올 거야.
음식을 가져와 bring food

We are going to bring food.
위 알 고잉 투 브링 푸드

우리는 지우를 초대할 거야.
지우를 초대해 invite 지우

We are going to invite 지우.
위 알 고잉 투 인봐이트 지우

우리는 그 게임을 이길 거야.
그 게임을 이겨 win the game

We are going to win the game.
위 알 고잉 투 윈 더 게임

나는 ~할 거야 — I am going to ~

나는 떠날 거야.	I am going to leave.
나는 수영할 거야.	
나는 물을 아낄 거야.	
나는 집을 살 거야.	
나는 버스를 탈 거야.	
나는 음식을 가져올 거야.	
나는 지우를 초대할 거야.	
나는 그 게임을 이길 거야.	

우리는 ~할 거야 — We are going to ~

우리는 떠날 거야.	We are going to leave.
우리는 수영할 거야.	
우리는 물을 아낄 거야.	
우리는 집을 살 거야.	
우리는 버스를 탈 거야.	
우리는 음식을 가져올 거야.	
우리는 지우를 초대할 거야.	
우리는 그 게임을 이길 거야.	

다시 한 번 말해보면서 자동발사 되는지 **확인** 해 보세요.

나는 ~할 거야

나는 떠날 거야.	I am going to leave.
나는 수영할 거야.	I am going to swim.
나는 물을 아낄 거야.	I am going to save water.
나는 집을 살 거야.	I am going to buy a house.
나는 버스를 탈 거야.	I am going to take a bus.
나는 음식을 가져올 거야.	I am going to bring food.
나는 지우를 초대할 거야.	I am going to invite 지우.
나는 그 게임을 이길 거야.	I am going to win the game.

우리는 ~할 거야

우리는 떠날 거야.	We are going to leave.
우리는 수영할 거야.	We are going to swim.
우리는 물을 아낄 거야.	We are going to save water.
우리는 집을 살 거야.	We are going to buy a house.
우리는 버스를 탈 거야.	We are going to take a bus.
우리는 음식을 가져올 거야.	We are going to bring food.
우리는 지우를 초대할 거야.	We are going to invite 지우.
우리는 그 게임을 이길 거야.	We are going to win the game.

영어 문장을 따라하며 에코잉 해 보세요. MP3를 들으며 메아리처럼 에코잉 해 보세요.

| 그는 ~할 거야 | He is going to ~ |

그는 떠날 거야.
떠나 leave
He is going to **leave**.
히 이즈 고잉 투 리브

그는 수영할 거야.
수영해 swim
He is going to **swim**.
히 이즈 고잉 투 스윔

그는 물을 아낄 거야.
물을 아껴 save water
He is going to **save water**.
히 이즈 고잉 투 쎄이브 워러

그는 집을 살 거야.
집을 사 buy a house
He is going to **buy a house**.
히 이즈 고잉 투 바이 어 하우스

그는 카드를 보낼 거야.
카드를 보내 send a card
He is going to **send a card**.
히 이즈 고잉 투 쎈드 어 카드

그는 코트를 입을 거야.
코트를 입어 wear a coat
He is going to **wear a coat**.
히 이즈 고잉 투 웨얼 어 코트

그는 그 자동차를 팔 거야.
그 자동차를 팔아 sell the car
He is going to **sell the car**.
히 이즈 고잉 투 쎌 더 카

그는 직업을 얻을 거야.
직업을 얻어 get a job
He is going to **get a job**.
히 이즈 고잉 투 겟 어 잡

영어 문장을 따라하며 **에코잉** 해 보세요.

그녀는 ~할 거야   She is going to ~

그녀는 떠날 거야.
떠나 leave

She is going to **leave**.
쉬 이즈 고잉 투 리브

그녀는 수영할 거야.
수영해 swim

She is going to **swim**.
쉬 이즈 고잉 투 스윔

그녀는 물을 아낄 거야.
물을 아껴 save water

She is going to **save water**.
쉬 이즈 고잉 투 쎄이브 워러

그녀는 집을 살 거야.
집을 사 buy a house

She is going to **buy a house**.
쉬 이즈 고잉 투 바이 어 하우스

그녀는 카드를 보낼 거야.
카드를 보내 send a card

She is going to **send a card**.
쉬 이즈 고잉 투 쎈드 어 카드

그녀는 코트를 입을 거야.
코트를 입어 wear a coat

She is going to **wear a coat**.
쉬 이즈 고잉 투 웨얼 어 코트

그녀는 그 자동차를 팔 거야.
그 자동차를 팔아 sell the car

She is going to **sell the car**.
쉬 이즈 고잉 투 쎌 더 카

그녀는 직업을 얻을 거야.
직업을 얻어 get a job

She is going to **get a job**.
쉬 이즈 고잉 투 겟 어 잡

DAY 05 왕초보 말문트기 2탄

자동발사 톡!

우리말만 보고 영어로 **자동발사** 해 보세요.   MP3를 들으며 자동발사가 되는지 확인해 보세요.

그는 ~할 거야   He is going to ~

그는 떠날 거야.   He is going to leave.

그는 수영할 거야.

그는 물을 아낄 거야.

그는 집을 살 거야.

그는 카드를 보낼 거야.

그는 코트를 입을 거야.

그는 그 자동차를 팔 거야.

그는 직업을 얻을 거야.

그녀는 ~할 거야   She is going to ~

그녀는 떠날 거야.   She is going to leave.

그녀는 수영할 거야.

그녀는 물을 아낄 거야.

그녀는 집을 살 거야.

그녀는 카드를 보낼 거야.

그녀는 코트를 입을 거야.

그녀는 그 자동차를 팔 거야.

그녀는 직업을 얻을 거야.

다시 한 번 말해보면서 자동발사 되는지 **확인** 해 보세요.

그는 ~할 거야

그는 떠날 거야.	He is going to leave.
그는 수영할 거야.	He is going to swim.
그는 물을 아낄 거야.	He is going to save water.
그는 집을 살 거야.	He is going to buy a house.
그는 카드를 보낼 거야.	He is going to send a card.
그는 코트를 입을 거야.	He is going to wear a coat.
그는 그 자동차를 팔 거야.	He is going to sell the car.
그는 직업을 얻을 거야.	He is going to get a job.

그녀는 ~할 거야

그녀는 떠날 거야.	She is going to leave.
그녀는 수영할 거야.	She is going to swim.
그녀는 물을 아낄 거야.	She is going to save water.
그녀는 집을 살 거야.	She is going to buy a house.
그녀는 카드를 보낼 거야.	She is going to send a card.
그녀는 코트를 입을 거야.	She is going to wear a coat.
그녀는 그 자동차를 팔 거야.	She is going to sell the car.
그녀는 직업을 얻을 거야.	She is going to get a job.

더글라스 선생님의
동영상강의

왕초보영어 탈출 해커스톡

DAY 06 | 나는 여행 안 갈 거야.
I am not going to travel.

나는 ~ 안 할 거야

> 나는 여행 안 갈 거야.

> 진짜 안 갈 거니?

나는 꿈나라 여행이나 갈래~

'여행 가'는 travel, '나는 여행 안 갈 거야'는 그 앞에 **I am not going to**를 붙이면 돼요.

 **I am not going to travel.** 이렇게요.
아이 엠 낫 고잉 투 트뤠블

따라하며 톡!

영어 문장을 따라하며 에코잉 해 보세요. 🎧 MP3를 들으며 메아리처럼 에코잉 해 보세요.

나는 ~ 안 할 거야   I am not going to ~

나는 안 떠날 거야.　　　　　　　I am not going to leave.
떠나 leave　　　　　　　　　　　아이 엠   낫   고잉   투   리브

나는 안 싸울 거야.　　　　　　　I am not going to fight.
싸워 fight　　　　　　　　　　　아이 엠   낫   고잉   투   파이트

나는 와인을 안 마실 거야.　　　　I am not going to drink wine.
와인을 마셔 drink wine　　　　　아이 엠   낫   고잉   투   드륑크   와인

나는 돈을 안 쓸 거야.　　　　　　I am not going to spend money.
돈을 써 spend money　　　　　　아이 엠   낫   고잉   투   스펜드   머니

나는 너의 자동차를 안 고칠 거야.　I am not going to fix your car.
너의 자동차를 고쳐 fix your car　아이 엠   낫   고잉   투   픽쓰   유얼   카

(your은 '너의'라는 의미예요.)

나는 그 문을 안 열 거야.　　　　　I am not going to open the door.
그 문을 열어 open the door　　　아이 엠   낫   고잉   투   오픈   더   도어

나는 피자를 안 먹을 거야.　　　　I am not going to eat pizza.
피자를 먹어 eat pizza　　　　　　아이 엠   낫   고잉   투   이트   피자

나는 역사를 공부 안 할 거야.　　　I am not going to study history.
역사를 공부해 study history　　　아이 엠   낫   고잉   투   스터디   히스토리

영어 문장을 따라하며 **에코잉** 해 보세요.

그들은 ~ 안 할 거야   They are not going to ~

그들은 안 떠날 거야.
떠나 leave

They are not going to **leave**.
데이 알 낫 고잉 투 리브

그들은 안 싸울 거야.
싸워 fight

They are not going to **fight**.
데이 알 낫 고잉 투 파이트

그들은 와인을 안 마실 거야.
와인을 마셔 drink wine

They are not going to **drink wine**.
데이 알 낫 고잉 투 드링크 와인

그들은 돈을 안 쓸 거야.
돈을 써 spend money

They are not going to **spend money**.
데이 알 낫 고잉 투 스펜드 머니

그들은 너의 자동차를 안 고칠 거야.
너의 자동차를 고쳐 fix your car

They are not going to **fix your car**.
데이 알 낫 고잉 투 픽쓰 유얼 카

그들은 그 문을 안 열 거야.
그 문을 열어 open the door

They are not going to **open the door**.
데이 알 낫 고잉 투 오픈 더 도어

그들은 피자를 안 먹을 거야.
피자를 먹어 eat pizza

They are not going to **eat pizza**.
데이 알 낫 고잉 투 이트 피자

그들은 역사를 공부 안 할 거야.
역사를 공부해 study history

They are not going to **study history**.
데이 알 낫 고잉 투 스터디 히스토리

우리말만 보고 영어로 **자동발사** 해 보세요. 🎧 MP3를 들으며 자동발사가 되는지 확인해 보세요.

나는 ~ 안 할 거야   I am not going to ~

나는 안 떠날 거야.   I am not going to leave.
나는 안 싸울 거야.
나는 와인을 안 마실 거야.
나는 돈을 안 쓸 거야.
나는 너의 자동차를 안 고칠 거야.
나는 그 문을 안 열 거야.
나는 피자를 안 먹을 거야.
나는 역사를 공부 안 할 거야.

그들은 ~ 안 할 거야   They are not going to ~

그들은 안 떠날 거야.   They are not going to leave.
그들은 안 싸울 거야.
그들은 와인을 안 마실 거야.
그들은 돈을 안 쓸 거야.
그들은 너의 자동차를 안 고칠 거야.
그들은 그 문을 안 열 거야.
그들은 피자를 안 먹을 거야.
그들은 역사를 공부 안 할 거야.

다시 한 번 말해보면서 자동발사 되는지 **확인** 해 보세요.

나는 ~ 안 할 거야

나는 안 떠날 거야.	I am not going to leave.
나는 안 싸울 거야.	I am not going to fight.
나는 와인을 안 마실 거야.	I am not going to drink wine.
나는 돈을 안 쓸 거야.	I am not going to spend money.
나는 너의 자동차를 안 고칠 거야.	I am not going to fix your car.
나는 그 문을 안 열 거야.	I am not going to open the door.
나는 피자를 안 먹을 거야.	I am not going to eat pizza.
나는 역사를 공부 안 할 거야.	I am not going to study history.

그들은 ~ 안 할 거야

그들은 안 떠날 거야.	They are not going to leave.
그들은 안 싸울 거야.	They are not going to fight.
그들은 와인을 안 마실 거야.	They are not going to drink wine.
그들은 돈을 안 쓸 거야.	They are not going to spend money.
그들은 너의 자동차를 안 고칠 거야.	They are not going to fix your car.
그들은 그 문을 안 열 거야.	They are not going to open the door.
그들은 피자를 안 먹을 거야.	They are not going to eat pizza.
그들은 역사를 공부 안 할 거야.	They are not going to study history.

따라하며 톡!

영어 문장을 따라하며 에코잉 해 보세요.　　🎧 MP3를 들으며 메아리처럼 에코잉 해 보세요.

| 그는 ~ 안 할 거야 | He is not going to ~ |

그는 안 떠날 거야.
떠나 leave

He is not going to leave.
히 이즈 낫 고잉 투 리브

그는 안 싸울 거야.
싸워 fight

He is not going to fight.
히 이즈 낫 고잉 투 파이트

그는 와인을 안 마실 거야.
와인을 마셔 drink wine

He is not going to drink wine.
히 이즈 낫 고잉 투 드륑크 와인

그는 돈을 안 쓸 거야.
돈을 써 spend money

He is not going to spend money.
히 이즈 낫 고잉 투 스펜드 머니

그는 일기를 안 쓸 거야.
일기를 써 write a diary

He is not going to write a diary.
히 이즈 낫 고잉 투 라이트 어 다이어뤼

그는 게임을 시작 안 할 거야.
게임을 시작해 start a game

He is not going to start a game.
히 이즈 낫 고잉 투 스타트 어 게임

그는 책을 안 읽을 거야.
책을 읽어 read a book

He is not going to read a book.
히 이즈 낫 고잉 투 뤼드 어 북

그는 현금을 지불 안 할 거야.
현금을 지불해 pay cash

He is not going to pay cash.
히 이즈 낫 고잉 투 페이 캐쉬

영어 문장을 따라하며 에코잉 해 보세요.

| 그녀는 ~ 안 할 거야 | She is not going to ~ |

그녀는 안 떠날 거야.
떠나 leave

She is not going to **leave**.
쉬 이즈 낫 고잉 투 리브

그녀는 안 싸울 거야.
싸워 fight

She is not going to **fight**.
쉬 이즈 낫 고잉 투 파이트

그녀는 와인을 안 마실 거야.
와인을 마셔 drink wine

She is not going to **drink wine**.
쉬 이즈 낫 고잉 투 드륑크 와인

그녀는 돈을 안 쓸 거야.
돈을 써 spend money

She is not going to **spend money**.
쉬 이즈 낫 고잉 투 스펜드 머니

그녀는 일기를 안 쓸 거야.
일기를 써 write a diary

She is not going to **write a diary**.
쉬 이즈 낫 고잉 투 롸이트 어 다이어뤼

그녀는 게임을 시작 안 할 거야.
게임을 시작해 start a game

She is not going to **start a game**.
쉬 이즈 낫 고잉 투 스타트 어 게임

그녀는 책을 안 읽을 거야.
책을 읽어 read a book

She is not going to **read a book**.
쉬 이즈 낫 고잉 투 뤼드 어 북

그녀는 현금을 지불 안 할 거야.
현금을 지불해 pay cash

She is not going to **pay cash**.
쉬 이즈 낫 고잉 투 페이 캐쉬

우리말만 보고 영어로 **자동발사** 해 보세요. 🎧 MP3를 들으며 자동발사가 되는지 확인해 보세요.

그는 ~ 안 할 거야   He is not going to ~

그는 안 떠날 거야.   📢 He is not going to leave.
그는 안 싸울 거야.
그는 와인을 안 마실 거야.
그는 돈을 안 쓸 거야.
그는 일기를 안 쓸 거야.
그는 게임을 시작 안 할 거야.
그는 책을 안 읽을 거야.
그는 현금을 지불 안 할 거야.

그녀는 ~ 안 할 거야   She is not going to ~

그녀는 안 떠날 거야.   📢 She is not going to leave.
그녀는 안 싸울 거야.
그녀는 와인을 안 마실 거야.
그녀는 돈을 안 쓸 거야.
그녀는 일기를 안 쓸 거야.
그녀는 게임을 시작 안 할 거야.
그녀는 책을 안 읽을 거야.
그녀는 현금을 지불 안 할 거야.

다시 한 번 말해보면서 자동발사 되는지 **확인** 해 보세요.

그는 ~ 안 할 거야

그는 안 떠날 거야.	He is not going to leave.
그는 안 싸울 거야.	He is not going to fight.
그는 와인을 안 마실 거야.	He is not going to drink wine.
그는 돈을 안 쓸 거야.	He is not going to spend money.
그는 일기를 안 쓸 거야.	He is not going to write a diary.
그는 게임을 시작 안 할 거야.	He is not going to start a game.
그는 책을 안 읽을 거야.	He is not going to read a book.
그는 현금을 지불 안 할 거야.	He is not going to pay cash.

그녀는 ~ 안 할 거야

그녀는 안 떠날 거야.	She is not going to leave.
그녀는 안 싸울 거야.	She is not going to fight.
그녀는 와인을 안 마실 거야.	She is not going to drink wine.
그녀는 돈을 안 쓸 거야.	She is not going to spend money.
그녀는 일기를 안 쓸 거야.	She is not going to write a diary.
그녀는 게임을 시작 안 할 거야.	She is not going to start a game.
그녀는 책을 안 읽을 거야.	She is not going to read a book.
그녀는 현금을 지불 안 할 거야.	She is not going to pay cash.

DAY 07 | 너는 여행 갈 거니?

Are you going to travel?

너는 ~할 거니?

> 너는 여행 갈 거니?

나는 휴가 못 가... 허허허

필리핀 여행
대박 특가

저라도 다녀오면 안 될까요... ㅜㅜ

'여행 가'는 travel, '너는 여행 갈 거니?'는 그 앞에 **Are you going to**를 붙이면 돼요.

 **Are you going to travel?** 이렇게요.
알 유 고잉 투 트뤠블

따라하며 톡!

영어 문장을 따라하며 에코잉 해 보세요.   🎧 MP3를 들으며 메아리처럼 에코잉 해 보세요.

너는 ~할 거니?   Are you going to ~

너는 떠날 거니?
떠나 leave
Are you going to leave?
알 유 고잉 투 리브

너는 걸을 거니?
걸어 walk
Are you going to walk?
알 유 고잉 투 워크

너는 요가를 배울 거니?
요가를 배워 learn yoga
Are you going to learn yoga?
알 유 고잉 투 런 요가

너는 가방을 살 거니?
가방을 사 buy a bag
Are you going to buy a bag?
알 유 고잉 투 바이 어 백

너는 편지를 보낼 거니?
편지를 보내 send a letter
Are you going to send a letter?
알 유 고잉 투 쎈드 어 레러

너는 민호를 만날 거니?
민호를 만나 meet 민호
Are you going to meet 민호?
알 유 고잉 투 미트 민호

너는 영화를 볼 거니?
영화를 봐 watch a movie
Are you going to watch a movie?
알 유 고잉 투 워취 어 무뷔

너는 텐트를 가져올 거니?
텐트를 가져와 bring a tent
Are you going to bring a tent?
알 유 고잉 투 브링 어 텐트

영어 문장을 따라하며 에코잉 해 보세요.

그들은 ~할 거니?   Are they going to ~

그들은 떠날 거니?
떠나 leave

Are they going to leave?
알 데이 고잉 투 리브

그들은 걸을 거니?
걸어 walk

Are they going to walk?
알 데이 고잉 투 워크

그들은 요가를 배울 거니?
요가를 배워 learn yoga

Are they going to learn yoga?
알 데이 고잉 투 런 요가

그들은 가방을 살 거니?
가방을 사 buy a bag

Are they going to buy a bag?
알 데이 고잉 투 바이 어 백

그들은 편지를 보낼 거니?
편지를 보내 send a letter

Are they going to send a letter?
알 데이 고잉 투 쎈드 어 레러

그들은 민호를 만날 거니?
민호를 만나 meet 민호

Are they going to meet 민호?
알 데이 고잉 투 미트 민호

그들은 영화를 볼 거니?
영화를 봐 watch a movie

Are they going to watch a movie?
알 데이 고잉 투 워취 어 무뷔

그들은 텐트를 가져올 거니?
텐트를 가져와 bring a tent

Are they going to bring a tent?
알 데이 고잉 투 브륑 어 텐트

자동발사 톡!

우리말만 보고 영어로 **자동발사** 해 보세요.   🎧 MP3를 들으며 자동발사가 되는지 확인해 보세요.

너는 ~할 거니? — Are you going to ~

너는 떠날 거니?	📢 Are you going to leave?
너는 걸을 거니?	
너는 요가를 배울 거니?	
너는 가방을 살 거니?	
너는 편지를 보낼 거니?	
너는 민호를 만날 거니?	
너는 영화를 볼 거니?	
너는 텐트를 가져올 거니?	

그들은 ~할 거니? — Are they going to ~

그들은 떠날 거니?	📢 Are they going to leave?
그들은 걸을 거니?	
그들은 요가를 배울 거니?	
그들은 가방을 살 거니?	
그들은 편지를 보낼 거니?	
그들은 민호를 만날 거니?	
그들은 영화를 볼 거니?	
그들은 텐트를 가져올 거니?	

다시 한 번 말해보면서 자동발사 되는지 **확인** 해 보세요.

너는 ~할 거니?

너는 떠날 거니?	Are you going to leave?
너는 걸을 거니?	Are you going to walk?
너는 요가를 배울 거니?	Are you going to learn yoga?
너는 가방을 살 거니?	Are you going to buy a bag?
너는 편지를 보낼 거니?	Are you going to send a letter?
너는 민호를 만날 거니?	Are you going to meet 민호?
너는 영화를 볼 거니?	Are you going to watch a movie?
너는 텐트를 가져올 거니?	Are you going to bring a tent?

그들은 ~할 거니?

그들은 떠날 거니?	Are they going to leave?
그들은 걸을 거니?	Are they going to walk?
그들은 요가를 배울 거니?	Are they going to learn yoga?
그들은 가방을 살 거니?	Are they going to buy a bag?
그들은 편지를 보낼 거니?	Are they going to send a letter?
그들은 민호를 만날 거니?	Are they going to meet 민호?
그들은 영화를 볼 거니?	Are they going to watch a movie?
그들은 텐트를 가져올 거니?	Are they going to bring a tent?

영어 문장을 따라하며 에코잉 해 보세요.   MP3를 들으며 메아리처럼 에코잉 해 보세요.

그는 ~할 거니?   Is he going to ~

그는 떠날 거니?
떠나 leave

Is he going to **leave**?
이즈 히 고잉 투 리브

그는 걸을 거니?
걸어 walk

Is he going to **walk**?
이즈 히 고잉 투 워크

그는 요가를 배울 거니?
요가를 배워 learn yoga

Is he going to **learn yoga**?
이즈 히 고잉 투 런 요가

그는 가방을 살 거니?
가방을 사 buy a bag

Is he going to **buy a bag**?
이즈 히 고잉 투 바이 어 백

그는 재킷을 입을 거니?
재킷을 입어 wear a jacket

Is he going to **wear a jacket**?
이즈 히 고잉 투 웨얼 어 재킷

그는 이메일을 확인할 거니?
이메일을 확인해 check e-mail

Is he going to **check e-mail**?
이즈 히 고잉 투 췌크 이메일

그는 너를 도울 거니?
너를 도와 help you

Is he going to **help you**?
이즈 히 고잉 투 헬프 유

그는 그 소파를 바꿀 거니?
그 소파를 바꿔 change the sofa

Is he going to **change the sofa**?
이즈 히 고잉 투 췌인쥐 더 쏘파

영어 문장을 따라하며 에코잉 해 보세요.

그녀는 ~할 거니?   Is she going to ~

그녀는 떠날 거니?
떠나 leave

Is she going to leave?
이즈 쉬 고잉 투 리브

그녀는 걸을 거니?
걸어 walk

Is she going to walk?
이즈 쉬 고잉 투 워크

그녀는 요가를 배울 거니?
요가를 배워 learn yoga

Is she going to learn yoga?
이즈 쉬 고잉 투 런 요가

그녀는 가방을 살 거니?
가방을 사 buy a bag

Is she going to buy a bag?
이즈 쉬 고잉 투 바이 어 백

그녀는 재킷을 입을 거니?
재킷을 입어 wear a jacket

Is she going to wear a jacket?
이즈 쉬 고잉 투 웨얼 어 재킷

그녀는 이메일을 확인할 거니?
이메일을 확인해 check e-mail

Is she going to check e-mail?
이즈 쉬 고잉 투 췌크 이메일

그녀는 너를 도울 거니?
너를 도와 help you

Is she going to help you?
이즈 쉬 고잉 투 헬프 유

그녀는 그 소파를 바꿀 거니?
그 소파를 바꿔 change the sofa

Is she going to change the sofa?
이즈 쉬 고잉 투 췌인쥐 더 쏘파

우리말만 보고 영어로 **자동발사** 해 보세요. MP3를 들으며 자동발사가 되는지 확인해 보세요.

그는 ~할 거니? Is he going to ~

그는 떠날 거니?	Is he going to leave?
그는 걸을 거니?	
그는 요가를 배울 거니?	
그는 가방을 살 거니?	
그는 재킷을 입을 거니?	
그는 이메일을 확인할 거니?	
그는 너를 도울 거니?	
그는 그 소파를 바꿀 거니?	

그녀는 ~할 거니? Is she going to ~

그녀는 떠날 거니?	Is she going to leave?
그녀는 걸을 거니?	
그녀는 요가를 배울 거니?	
그녀는 가방을 살 거니?	
그녀는 재킷을 입을 거니?	
그녀는 이메일을 확인할 거니?	
그녀는 너를 도울 거니?	
그녀는 그 소파를 바꿀 거니?	

다시 한 번 말해보면서 자동발사 되는지 **확인** 해 보세요.

그는 ~할 거니?

그는 떠날 거니?	Is he going to leave?
그는 걸을 거니?	Is he going to walk?
그는 요가를 배울 거니?	Is he going to learn yoga?
그는 가방을 살 거니?	Is he going to buy a bag?
그는 재킷을 입을 거니?	Is he going to wear a jacket?
그는 이메일을 확인할 거니?	Is he going to check e-mail?
그는 너를 도울 거니?	Is he going to help you?
그는 그 소파를 바꿀 거니?	Is he going to change the sofa?

그녀는 ~할 거니?

그녀는 떠날 거니?	Is she going to leave?
그녀는 걸을 거니?	Is she going to walk?
그녀는 요가를 배울 거니?	Is she going to learn yoga?
그녀는 가방을 살 거니?	Is she going to buy a bag?
그녀는 재킷을 입을 거니?	Is she going to wear a jacket?
그녀는 이메일을 확인할 거니?	Is she going to check e-mail?
그녀는 너를 도울 거니?	Is she going to help you?
그녀는 그 소파를 바꿀 거니?	Is she going to change the sofa?

DAY 08 | 나는 달려야만 해.

I have to run.

나는 ~해야만 해

또 늦기만 해봐라...
또 늦기만 해봐라...
또 늦기만 해봐라...

째깍 째깍 째깍 째깍 째깍 째깍

나는 달려야만 해.

약속 시간 1분 전! 살고 싶다면 뛰어라!

'달려'는 run, '나는 달려야만 해'는 그 앞에 **I have to**를 붙이면 돼요.

 I have to run. 이렇게요.
아이 해브 투 뤈

영어 문장을 따라하며 에코잉 해 보세요.　　　　　　　　🎧 MP3를 들으며 메아리처럼 에코잉 해 보세요.

| 나는 ~해야만 해 | I have to ~ |

나는 가야만 해.
가 go

I have to go.
아이 해브 투 고

나는 기다려야만 해.
기다려 wait

I have to wait.
아이 해브 투 웨이트

나는 LA를 방문해야만 해.
LA를 방문해 visit LA

I have to visit LA.
아이 해브 투 뷔지트 엘에이

나는 시간을 아껴야만 해.
시간을 아껴 save time

I have to save time.
아이 해브 투 쎄이브 타임

나는 그 게임을 이겨야만 해.
그 게임을 이겨 win the game

I have to win the game.
아이 해브 투 윈 더 게임

나는 그 방을 청소해야만 해.
그 방을 청소해 clean the room

I have to clean the room.
아이 해브 투 클린 더 룸

나는 그 숙제를 끝내야만 해.
그 숙제를 끝내 finish the homework

I have to finish the homework.
아이 해브 투 퓌니쉬 더 홈월크

나는 자동차를 운전해야만 해.
자동차를 운전해 drive a car

I have to drive a car.
아이 해브 투 드라이브 어 카

영어 문장을 따라하며 에코잉 해 보세요.

그들은 ~해야만 해   They have to ~

그들은 가야만 해.
가 go

They have to go.
데이   해브   투   고

그들은 기다려야만 해.
기다려 wait

They have to wait.
데이   해브   투   웨이트

그들은 LA를 방문해야만 해.
LA를 방문해 visit LA

They have to visit LA.
데이   해브   투   뷔지트   엘에이

그들은 시간을 아껴야만 해.
시간을 아껴 save time

They have to save time.
데이   해브   투   쎄이브   타임

그들은 그 게임을 이겨야만 해.
그 게임을 이겨 win the game

They have to win the game.
데이   해브   투   윈   더   게임

그들은 그 방을 청소해야만 해.
그 방을 청소해 clean the room

They have to clean the room.
데이   해브   투   클린   더   룸

그들은 그 숙제를 끝내야만 해.
그 숙제를 끝내 finish the homework

They have to finish the homework.
데이   해브   투   퓨니쉬   더   홈월크

그들은 자동차를 운전해야만 해.
자동차를 운전해 drive a car

They have to drive a car.
데이   해브   투   드라이브   어   카

우리말만 보고 영어로 **자동발사** 해 보세요.   🎧 MP3를 들으며 자동발사가 되는지 확인해 보세요.

나는 ~해야만 해   I have to ~

나는 가야만 해.   📢 I have to go.
나는 기다려야만 해.
나는 LA를 방문해야만 해.
나는 시간을 아껴야만 해.
나는 그 게임을 이겨야만 해.
나는 그 방을 청소해야만 해.
나는 그 숙제를 끝내야만 해.
나는 자동차를 운전해야만 해.

그들은 ~해야만 해   They have to ~

그들은 가야만 해.   📢 They have to go.
그들은 기다려야만 해.
그들은 LA를 방문해야만 해.
그들은 시간을 아껴야만 해.
그들은 그 게임을 이겨야만 해.
그들은 그 방을 청소해야만 해.
그들은 그 숙제를 끝내야만 해.
그들은 자동차를 운전해야만 해.

다시 한 번 말해보면서 자동발사 되는지 **확인** 해 보세요.

나는 ~해야만 해

나는 가야만 해.	I have to go.
나는 기다려야만 해.	I have to wait.
나는 LA를 방문해야만 해.	I have to visit LA.
나는 시간을 아껴야만 해.	I have to save time.
나는 그 게임을 이겨야만 해.	I have to win the game.
나는 그 방을 청소해야만 해.	I have to clean the room.
나는 그 숙제를 끝내야만 해.	I have to finish the homework.
나는 자동차를 운전해야만 해.	I have to drive a car.

그들은 ~해야만 해

그들은 가야만 해.	They have to go.
그들은 기다려야만 해.	They have to wait.
그들은 LA를 방문해야만 해.	They have to visit LA.
그들은 시간을 아껴야만 해.	They have to save time.
그들은 그 게임을 이겨야만 해.	They have to win the game.
그들은 그 방을 청소해야만 해.	They have to clean the room.
그들은 그 숙제를 끝내야만 해.	They have to finish the homework.
그들은 자동차를 운전해야만 해.	They have to drive a car.

따라하며 톡!

영어 문장을 따라하며 에코잉 해 보세요. 🎧 MP3를 들으며 메아리처럼 에코잉 해 보세요.

그는 ~해야만 해 He has to ~

그는 가야만 해.
가 go

He has to go.
히   해즈 투   고

> 그(He)나 그녀(She)로 문장이 시작하면 have가 아니라 has로 말해요.

그는 기다려야만 해.
기다려 wait

He has to wait.
히   해즈 투   웨이트

그는 LA를 방문해야만 해.
LA를 방문해 visit LA

He has to visit LA.
히   해즈 투   뷔지트 엘에이

그는 시간을 아껴야만 해.
시간을 아껴 save time

He has to save time.
히   해즈 투   쎄이브   타임

그는 점심을 만들어야만 해.
점심을 만들어 make lunch

He has to make lunch.
히   해즈 투   메이크   런취

그는 과학을 공부해야만 해.
과학을 공부해 study science

He has to study science.
히   해즈 투   스터디   싸이언스

그는 메모를 써야만 해.
메모를 써 write a memo

He has to write a memo.
히   해즈 투   라이트 어   메모

그는 직업을 얻어야만 해.
직업을 얻어 get a job

He has to get a job.
히   해즈 투   겟   어   잡

영어 문장을 따라하며 **에코잉** 해 보세요.

그녀는 ~해야만 해   She has to ~

그녀는 가야만 해.
가 go

She has to go.
쉬   해즈   투   고

그녀는 기다려야만 해.
기다려 wait

She has to wait.
쉬   해즈   투   웨이트

그녀는 LA를 방문해야만 해.
LA를 방문해 visit LA

She has to visit LA.
쉬   해즈   투   뷔지트   엘에이

그녀는 시간을 아껴야만 해.
시간을 아껴 save time

She has to save time.
쉬   해즈   투   쎄이브   타임

그녀는 점심을 만들어야만 해.
점심을 만들어 make lunch

She has to make lunch.
쉬   해즈   투   메이크   런취

그녀는 과학을 공부해야만 해.
과학을 공부해 study science

She has to study science.
쉬   해즈   투   스터디   싸이언스

그녀는 메모를 써야만 해.
메모를 써 write a memo

She has to write a memo.
쉬   해즈   투   라이트   어   메모

그녀는 직업을 얻어야만 해.
직업을 얻어 get a job

She has to get a job.
쉬   해즈   투   겟   어   잡

DAY 08

우리말만 보고 영어로 **자동발사** 해 보세요.   🎧 MP3를 들으며 자동발사가 되는지 확인해 보세요.

그는 ~해야만 해 — He has to ~

그는 가야만 해.   📢 He has to go.

그는 기다려야만 해.

그는 LA를 방문해야만 해.

그는 시간을 아껴야만 해.

그는 점심을 만들어야만 해.

그는 과학을 공부해야만 해.

그는 메모를 써야만 해.

그는 직업을 얻어야만 해.

그녀는 ~해야만 해 — She has to ~

그녀는 가야만 해.   📢 She has to go.

그녀는 기다려야만 해.

그녀는 LA를 방문해야만 해.

그녀는 시간을 아껴야만 해.

그녀는 점심을 만들어야만 해.

그녀는 과학을 공부해야만 해.

그녀는 메모를 써야만 해.

그녀는 직업을 얻어야만 해.

다시 한 번 말해보면서 자동발사 되는지 **확인** 해 보세요.

그는 ~해야만 해

그는 가야만 해.	He has to go.
그는 기다려야만 해.	He has to wait.
그는 LA를 방문해야만 해.	He has to visit LA.
그는 시간을 아껴야만 해.	He has to save time.
그는 점심을 만들어야만 해.	He has to make lunch.
그는 과학을 공부해야만 해.	He has to study science.
그는 메모를 써야만 해.	He has to write a memo.
그는 직업을 얻어야만 해.	He has to get a job.

그녀는 ~해야만 해

그녀는 가야만 해.	She has to go.
그녀는 기다려야만 해.	She has to wait.
그녀는 LA를 방문해야만 해.	She has to visit LA.
그녀는 시간을 아껴야만 해.	She has to save time.
그녀는 점심을 만들어야만 해.	She has to make lunch.
그녀는 과학을 공부해야만 해.	She has to study science.
그녀는 메모를 써야만 해.	She has to write a memo.
그녀는 직업을 얻어야만 해.	She has to get a job.

더글라스 선생님의
동영상강의

왕초보영어 탈출
해커스톡

DAY 09

나는 안 달려도 돼.
I don't have to run.

나는 ~ 안 해도 돼

'달려'는 run, '나는 안 달려도 돼'는 그 앞에 **I don't have to**를 붙이면 돼요.

 **I don't have to run.** 이렇게요.
아이 돈트 해브 투 런

영어 문장을 따라하며 에코잉 해 보세요.　　　　　　　MP3를 들으며 메아리처럼 에코잉 해 보세요.

| **나는 ~ 안 해도 돼** | **I don't have to ~** |

나는 안 가도 돼.
가 go

I don't have to go.
아이　돈트　해브　투　고

나는 걱정 안 해도 돼.
걱정해 worry

I don't have to worry.
아이　돈트　해브　투　워뤼

나는 현금을 지불 안 해도 돼.
현금을 지불해 pay cash

I don't have to pay cash.
아이　돈트　해브　투　페이　캐쉬

나는 중국어를 말 안 해도 돼.
중국어를 말해 speak Chinese

I don't have to speak Chinese.
아이　돈트　해브　투　스피크　차이니즈

나는 커피를 안 마셔도 돼.
커피를 마셔 drink coffee

I don't have to drink coffee.
아이　돈트　해브　투　드륑크　커피

나는 잡지를 안 읽어도 돼.
잡지를 읽어 read a magazine

I don't have to read a magazine.
아이　돈트　해브　투　뤼드 어　매거진

나는 체스를 안 배워도 돼.
체스를 배워 learn chess

I don't have to learn chess.
아이　돈트　해브　투　런　췌스

나는 지하철을 안 타도 돼.
지하철을 타 take a subway

I don't have to take a subway.
아이　돈트　해브　투　테이크 어　써브웨이

영어 문장을 따라하며 에코잉 해 보세요.

| 그들은 ~ 안 해도 돼 | They don't have to ~ |

그들은 안 가도 돼.
가 go

They don't have to go.
데이 돈트 해브 투 고

그들은 걱정 안 해도 돼.
걱정해 worry

They don't have to worry.
데이 돈트 해브 투 워뤼

그들은 현금을 지불 안 해도 돼.
현금을 지불해 pay cash

They don't have to pay cash.
데이 돈트 해브 투 페이 캐쉬

그들은 중국어를 말 안 해도 돼.
중국어를 말해 speak Chinese

They don't have to speak Chinese.
데이 돈트 해브 투 스피크 촤이니즈

그들은 커피를 안 마셔도 돼.
커피를 마셔 drink coffee

They don't have to drink coffee.
데이 돈트 해브 투 드륑크 커피

그들은 잡지를 안 읽어도 돼.
잡지를 읽어 read a magazine

They don't have to read a magazine.
데이 돈트 해브 투 뤼드 어 매거진

그들은 체스를 안 배워도 돼.
체스를 배워 learn chess

They don't have to learn chess.
데이 돈트 해브 투 런 췌스

그들은 지하철을 안 타도 돼.
지하철을 타 take a subway

They don't have to take a subway.
데이 돈트 해브 투 테이크 어 써브웨이

우리말만 보고 영어로 **자동발사** 해 보세요.   MP3를 들으며 자동발사가 되는지 확인해 보세요.

나는 ~ 안 해도 돼   I don't have to ~

나는 안 가도 돼.   I don't have to go.
나는 걱정 안 해도 돼.
나는 현금을 지불 안 해도 돼.
나는 중국어를 말 안 해도 돼.
나는 커피를 안 마셔도 돼.
나는 잡지를 안 읽어도 돼.
나는 체스를 안 배워도 돼.
나는 지하철을 안 타도 돼.

그들은 ~ 안 해도 돼   They don't have to ~

그들은 안 가도 돼.   They don't have to go.
그들은 걱정 안 해도 돼.
그들은 현금을 지불 안 해도 돼.
그들은 중국어를 말 안 해도 돼.
그들은 커피를 안 마셔도 돼.
그들은 잡지를 안 읽어도 돼.
그들은 체스를 안 배워도 돼.
그들은 지하철을 안 타도 돼.

다시 한 번 말해보면서 자동발사 되는지 **확인** 해 보세요.

나는 ~ 안 해도 돼

나는 안 가도 돼.	I don't have to go.
나는 걱정 안 해도 돼.	I don't have to worry.
나는 현금을 지불 안 해도 돼.	I don't have to pay cash.
나는 중국어를 말 안 해도 돼.	I don't have to speak Chinese.
나는 커피를 안 마셔도 돼.	I don't have to drink coffee.
나는 잡지를 안 읽어도 돼.	I don't have to read a magazine.
나는 체스를 안 배워도 돼.	I don't have to learn chess.
나는 지하철을 안 타도 돼.	I don't have to take a subway.

그들은 ~ 안 해도 돼

그들은 안 가도 돼.	They don't have to go.
그들은 걱정 안 해도 돼.	They don't have to worry.
그들은 현금을 지불 안 해도 돼.	They don't have to pay cash.
그들은 중국어를 말 안 해도 돼.	They don't have to speak Chinese.
그들은 커피를 안 마셔도 돼.	They don't have to drink coffee.
그들은 잡지를 안 읽어도 돼.	They don't have to read a magazine.
그들은 체스를 안 배워도 돼.	They don't have to learn chess.
그들은 지하철을 안 타도 돼.	They don't have to take a subway.

영어 문장을 따라하며 에코잉 해 보세요. 🎧 MP3를 들으며 메아리처럼 에코잉 해 보세요.

그는 ~ 안 해도 돼   He doesn't have to ~

그는 안 가도 돼.
가 go
He doesn't have to go.
히 더즌트 해브 투 고

그는 걱정 안 해도 돼.
걱정해 worry
He doesn't have to worry.
히 더즌트 해브 투 워뤼

그는 현금을 지불 안 해도 돼.
현금을 지불해 pay cash
He doesn't have to pay cash.
히 더즌트 해브 투 페이 캐쉬

그는 중국어를 말 안 해도 돼.
중국어를 말해 speak Chinese
He doesn't have to speak Chinese.
히 더즌트 해브 투 스피크 차이니즈

그는 재킷을 안 입어도 돼.
재킷을 입어 wear a jacket
He doesn't have to wear a jacket.
히 더즌트 해브 투 웨얼 어 재킷

그는 선물을 안 보내도 돼.
선물을 보내 send a gift
He doesn't have to send a gift.
히 더즌트 해브 투 쎈드 어 기프트

그는 지우를 안 도와도 돼.
지우를 도와 help 지우
He doesn't have to help 지우.
히 더즌트 해브 투 헬프 지우

그는 돈을 안 벌어도 돼.
돈을 벌어 earn money
He doesn't have to earn money.
히 더즌트 해브 투 언 머니

영어 문장을 따라하며 에코잉 해 보세요.

그녀는 ~ 안 해도 돼   She doesn't have to ~

그녀는 안 가도 돼.
가 go

She doesn't have to go.
쉬   더즌트   해브   투   고

그녀는 걱정 안 해도 돼.
걱정해 worry

She doesn't have to worry.
쉬   더즌트   해브   투   워뤼

그녀는 현금을 지불 안 해도 돼.
현금을 지불해 pay cash

She doesn't have to pay cash.
쉬   더즌트   해브   투   페이   캐쉬

그녀는 중국어를 말 안 해도 돼.
중국어를 말해 speak Chinese

She doesn't have to speak Chinese.
쉬   더즌트   해브   투   스피크   차이니즈

그녀는 재킷을 안 입어도 돼.
재킷을 입어 wear a jacket

She doesn't have to wear a jacket.
쉬   더즌트   해브   투   웨얼   어   재킷

그녀는 선물을 안 보내도 돼.
선물을 보내 send a gift

She doesn't have to send a gift.
쉬   더즌트   해브   투   쎈드   어   기프트

그녀는 지우를 안 도와도 돼.
지우를 도와 help 지우

She doesn't have to help 지우.
쉬   더즌트   해브   투   헬프   지우

그녀는 돈을 안 벌어도 돼.
돈을 벌어 earn money

She doesn't have to earn money.
쉬   더즌트   해브   투   언   머니

DAY 09
왕초보 말문트기 2탄

자동발사 톡!

우리말만 보고 영어로 **자동발사** 해 보세요. 🎧 MP3를 들으며 자동발사가 되는지 확인해 보세요.

그는 ~ 안 해도 돼 — He doesn't have to ~

그는 안 가도 돼.	📢 He doesn't have to go.
그는 걱정 안 해도 돼.	
그는 현금을 지불 안 해도 돼.	
그는 중국어를 말 안 해도 돼.	
그는 재킷을 안 입어도 돼.	
그는 선물을 안 보내도 돼.	
그는 지우를 안 도와도 돼.	
그는 돈을 안 벌어도 돼.	

그녀는 ~ 안 해도 돼 — She doesn't have to ~

그녀는 안 가도 돼.	📢 She doesn't have to go.
그녀는 걱정 안 해도 돼.	
그녀는 현금을 지불 안 해도 돼.	
그녀는 중국어를 말 안 해도 돼.	
그녀는 재킷을 안 입어도 돼.	
그녀는 선물을 안 보내도 돼.	
그녀는 지우를 안 도와도 돼.	
그녀는 돈을 안 벌어도 돼.	

다시 한 번 말해보면서 자동발사 되는지 **확인** 해 보세요.

그는 ~ 안 해도 돼

그는 안 가도 돼.	He doesn't have to go.
그는 걱정 안 해도 돼.	He doesn't have to worry.
그는 현금을 지불 안 해도 돼.	He doesn't have to pay cash.
그는 중국어를 말 안 해도 돼.	He doesn't have to speak Chinese.
그는 재킷을 안 입어도 돼.	He doesn't have to wear a jacket.
그는 선물을 안 보내도 돼.	He doesn't have to send a gift.
그는 지우를 안 도와도 돼.	He doesn't have to help 지우.
그는 돈을 안 벌어도 돼.	He doesn't have to earn money.

그녀는 ~ 안 해도 돼

그녀는 안 가도 돼.	She doesn't have to go.
그녀는 걱정 안 해도 돼.	She doesn't have to worry.
그녀는 현금을 지불 안 해도 돼.	She doesn't have to pay cash.
그녀는 중국어를 말 안 해도 돼.	She doesn't have to speak Chinese.
그녀는 재킷을 안 입어도 돼.	She doesn't have to wear a jacket.
그녀는 선물을 안 보내도 돼.	She doesn't have to send a gift.
그녀는 지우를 안 도와도 돼.	She doesn't have to help 지우.
그녀는 돈을 안 벌어도 돼.	She doesn't have to earn money.

DAY 10

나는 달려야만 하니?
Do I have to run?

나는 ~해야만 하니?

> 나는 달려야만 하니?

집에 갈까...

운동 3일째, 보기만 해도 숨이 차다...

'달려'는 run, '나는 달려야만 하니?'는 그 앞에 **Do I have to**를 붙이면 돼요.

 **Do I have to run?** 이렇게요.
두 아이 해브 투 뤈

영어 문장을 따라하며 에코잉 해 보세요. MP3를 들으며 메아리처럼 에코잉 해 보세요.

나는 ~해야만 하니? Do I have to ~

나는 가야만 하니?
가 go
Do I have to go?
두 아이 해브 투 고

나는 여행 가야만 하니?
여행 가 travel
Do I have to travel?
두 아이 해브 투 트레블

나는 물을 아껴야만 하니?
물을 아껴 save water
Do I have to save water?
두 아이 해브 투 쎄이브 워러

나는 리포트를 써야만 하니?
리포트를 써 write a report
Do I have to write a report?
두 아이 해브 투 라이트 어 리포트

나는 직업을 얻어야만 하니?
직업을 얻어 get a job
Do I have to get a job?
두 아이 해브 투 겟 어 잡

나는 캐나다를 방문해야만 하니?
캐나다를 방문해 visit Canada
Do I have to visit Canada?
두 아이 해브 투 뷔지트 캐나다

나는 저녁을 만들어야만 하니?
저녁을 만들어 make dinner
Do I have to make dinner?
두 아이 해브 투 메이크 디너

나는 그 시험을 통과해야만 하니?
그 시험을 통과해 pass the test
Do I have to pass the test?
두 아이 해브 투 패스 더 테스트

영어 문장을 따라하며 에코잉 해 보세요.

| 너는 ~해야만 하니? | Do you have to ~ |

너는 가야만 하니?
가 go

Do you have to go?
두 유 해브 투 고

너는 여행 가야만 하니?
여행 가 travel

Do you have to travel?
두 유 해브 투 트뤠블

너는 물을 아껴야만 하니?
물을 아껴 save water

Do you have to save water?
두 유 해브 투 쎄이브 워러

너는 리포트를 써야만 하니?
리포트를 써 write a report

Do you have to write a report?
두 유 해브 투 롸이트 어 뤼포트

너는 직업을 얻어야만 하니?
직업을 얻어 get a job

Do you have to get a job?
두 유 해브 투 겟 어 좝

너는 캐나다를 방문해야만 하니?
캐나다를 방문해 visit Canada

Do you have to visit Canada?
두 유 해브 투 뷔지트 캐나다

너는 저녁을 만들어야만 하니?
저녁을 만들어 make dinner

Do you have to make dinner?
두 유 해브 투 메이크 디너

너는 그 시험을 통과해야만 하니?
그 시험을 통과해 pass the test

Do you have to pass the test?
두 유 해브 투 패스 더 테스트

우리말만 보고 영어로 **자동발사** 해 보세요.   MP3를 들으며 자동발사가 되는지 확인해 보세요.

나는 ~해야만 하니?   Do I have to ~

나는 가야만 하니?	Do I have to go?
나는 여행 가야만 하니?	
나는 물을 아껴야만 하니?	
나는 리포트를 써야만 하니?	
나는 직업을 얻어야만 하니?	
나는 캐나다를 방문해야만 하니?	
나는 저녁을 만들어야만 하니?	
나는 그 시험을 통과해야만 하니?	

너는 ~해야만 하니?   Do you have to ~

너는 가야만 하니?	Do you have to go?
너는 여행 가야만 하니?	
너는 물을 아껴야만 하니?	
너는 리포트를 써야만 하니?	
너는 직업을 얻어야만 하니?	
너는 캐나다를 방문해야만 하니?	
너는 저녁을 만들어야만 하니?	
너는 그 시험을 통과해야만 하니?	

다시 한 번 말해보면서 자동발사 되는지 **확인** 해 보세요.

나는 ~해야만 하니?

나는 가야만 하니?	Do I have to go?
나는 여행 가야만 하니?	Do I have to travel?
나는 물을 아껴야만 하니?	Do I have to save water?
나는 리포트를 써야만 하니?	Do I have to write a report?
나는 직업을 얻어야만 하니?	Do I have to get a job?
나는 캐나다를 방문해야만 하니?	Do I have to visit Canada?
나는 저녁을 만들어야만 하니?	Do I have to make dinner?
나는 그 시험을 통과해야만 하니?	Do I have to pass the test?

너는 ~해야만 하니?

너는 가야만 하니?	Do you have to go?
너는 여행 가야만 하니?	Do you have to travel?
너는 물을 아껴야만 하니?	Do you have to save water?
너는 리포트를 써야만 하니?	Do you have to write a report?
너는 직업을 얻어야만 하니?	Do you have to get a job?
너는 캐나다를 방문해야만 하니?	Do you have to visit Canada?
너는 저녁을 만들어야만 하니?	Do you have to make dinner?
너는 그 시험을 통과해야만 하니?	Do you have to pass the test?

따라하며 톡!

영어 문장을 따라하며 에코잉 해 보세요. MP3를 들으며 메아리처럼 에코잉 해 보세요.

그들은 ~해야만 하니?   Do they have to ~

그들은 가야만 하니?
가 go

Do they have to go?
두 데이 해브 투 고

그들은 여행 가야만 하니?
여행 가 travel

Do they have to travel?
두 데이 해브 투 트뤠블

그들은 물을 아껴야만 하니?
물을 아껴 save water

Do they have to save water?
두 데이 해브 투 쎄이브 워러

그들은 리포트를 써야만 하니?
리포트를 써 write a report

Do they have to write a report?
두 데이 해브 투 롸이트 어 뤼포트

그들은 민호를 초대해야만 하니?
민호를 초대해 invite 민호

Do they have to invite 민호?
두 데이 해브 투 인봐이트 민호

그들은 카메라를 가져와야만 하니?
카메라를 가져와 bring a camera

Do they have to bring a camera?
두 데이 해브 투 브링 어 캐머라

그들은 수학을 공부해야만 하니?
수학을 공부해 study math

Do they have to study math?
두 데이 해브 투 스터디 매쓰

그들은 그 부엌을 청소해야만 하니?
그 부엌을 청소해 clean the kitchen

Do they have to clean the kitchen?
두 데이 해브 투 클린 더 키췬

영어 문장을 따라하며 에코잉 해 보세요.

그는 ~해야만 하니?   Does he have to ~

그는 가야만 하니?
가 go

Does he have to go?
더즈 히 해브 투 고

그는 여행 가야만 하니?
여행 가 travel

Does he have to travel?
더즈 히 해브 투 트뤠블

그는 물을 아껴야만 하니?
물을 아껴 save water

Does he have to save water?
더즈 히 해브 투 쎄이브 워러

그는 리포트를 써야만 하니?
리포트를 써 write a report

Does he have to write a report?
더즈 히 해브 투 라이트 어 뤼포트

그는 민호를 초대해야만 하니?
민호를 초대해 invite 민호

Does he have to invite 민호?
더즈 히 해브 투 인바이트 민호

그는 카메라를 가져와야만 하니?
카메라를 가져와 bring a camera

Does he have to bring a camera?
더즈 히 해브 투 브링 어 캐머라

그는 수학을 공부해야만 하니?
수학을 공부해 study math

Does he have to study math?
더즈 히 해브 투 스터디 매쓰

그는 그 부엌을 청소해야만 하니?
그 부엌을 청소해 clean the kitchen

Does he have to clean the kitchen?
더즈 히 해브 투 클린 더 키췬

우리말만 보고 영어로 **자동발사** 해 보세요.   🎧 MP3를 들으며 자동발사가 되는지 확인해 보세요.

그들은 ~해야만 하니?   Do they have to ~

그들은 가야만 하니?	Do they have to go?
그들은 여행 가야만 하니?	
그들은 물을 아껴야만 하니?	
그들은 리포트를 써야만 하니?	
그들은 민호를 초대해야만 하니?	
그들은 카메라를 가져와야만 하니?	
그들은 수학을 공부해야만 하니?	
그들은 그 부엌을 청소해야만 하니?	

그는 ~해야만 하니?   Does he have to ~

그는 가야만 하니?	Does he have to go?
그는 여행 가야만 하니?	
그는 물을 아껴야만 하니?	
그는 리포트를 써야만 하니?	
그는 민호를 초대해야만 하니?	
그는 카메라를 가져와야만 하니?	
그는 수학을 공부해야만 하니?	
그는 그 부엌을 청소해야만 하니?	

다시 한 번 말해보면서 자동발사 되는지 **확인** 해 보세요.

그들은 ~해야만 하니?

그들은 가야만 하니?	Do they have to go?
그들은 여행 가야만 하니?	Do they have to travel?
그들은 물을 아껴야만 하니?	Do they have to save water?
그들은 리포트를 써야만 하니?	Do they have to write a report?
그들은 민호를 초대해야만 하니?	Do they have to invite 민호?
그들은 카메라를 가져와야만 하니?	Do they have to bring a camera?
그들은 수학을 공부해야만 하니?	Do they have to study math?
그들은 그 부엌을 청소해야만 하니?	Do they have to clean the kitchen?

그는 ~해야만 하니?

그는 가야만 하니?	Does he have to go?
그는 여행 가야만 하니?	Does he have to travel?
그는 물을 아껴야만 하니?	Does he have to save water?
그는 리포트를 써야만 하니?	Does he have to write a report?
그는 민호를 초대해야만 하니?	Does he have to invite 민호?
그는 카메라를 가져와야만 하니?	Does he have to bring a camera?
그는 수학을 공부해야만 하니?	Does he have to study math?
그는 그 부엌을 청소해야만 하니?	Does he have to clean the kitchen?

더글라스 선생님의
동영상강의

DAY 11 | 나는 춤추고 싶어.
I want to dance.

나는 ~하고 싶어

> 나는 춤추고 싶어.

밸리댄스~
밸리댄스~

할머니...

춤을 향한 나의 열정은 그 무엇도 멈출 수 없지!

'춤춰'는 dance, '나는 춤추고 싶어'는 그 앞에 **I want to**를 붙이면 돼요.

 **I want to dance.** 이렇게요.
아이 원트 투 댄쓰

영어 문장을 따라하며 에코잉 해 보세요. 🎧 MP3를 들으며 메아리처럼 에코잉 해 보세요.

| 나는 ~하고 싶어 | I want to ~ |

나는 머무르고 싶어.
머물러 stay
I want to stay.
아이 원트 투 스테이

나는 알고 싶어.
알아 know
I want to know.
아이 원트 투 노우

나는 그 파티를 즐기고 싶어.
그 파티를 즐겨 enjoy the party
I want to enjoy the party.
아이 원트 투 인조이 더 파뤼

나는 너를 돕고 싶어.
너를 도와 help you
I want to help you.
아이 원트 투 헬프 유

나는 트럭을 운전하고 싶어.
트럭을 운전해 drive a truck
I want to drive a truck.
아이 원트 투 드라이브 어 트럭

나는 컴퓨터를 사용하고 싶어.
컴퓨터를 사용해 use a computer
I want to use a computer.
아이 원트 투 유즈 어 컴퓨터

나는 그 소파를 바꾸고 싶어.
그 소파를 바꿔 change the sofa
I want to change the sofa.
아이 원트 투 췌인쥐 더 쏘파

나는 영어를 배우고 싶어.
영어를 배워 learn English
I want to learn English.
아이 원트 투 런 잉글리쉬

영어 문장을 따라하며 **에코잉** 해 보세요.

| 우리는 ~하고 싶어 | We want to ~ |

우리는 머무르고 싶어.
머물러 stay

We want to stay.
위 원트 투 스테이

우리는 알고 싶어.
알아 know

We want to know.
위 원트 투 노우

우리는 그 파티를 즐기고 싶어.
그 파티를 즐겨 enjoy the party

We want to enjoy the party.
위 원트 투 인조이 더 파뤼

우리는 너를 돕고 싶어.
너를 도와 help you

We want to help you.
위 원트 투 헬프 유

우리는 트럭을 운전하고 싶어.
트럭을 운전해 drive a truck

We want to drive a truck.
위 원트 투 드라이브 어 트럭

우리는 컴퓨터를 사용하고 싶어.
컴퓨터를 사용해 use a computer

We want to use a computer.
위 원트 투 유즈 어 컴퓨러

우리는 그 소파를 바꾸고 싶어.
그 소파를 바꿔 change the sofa

We want to change the sofa.
위 원트 투 췌인쥐 더 쏘파

우리는 영어를 배우고 싶어.
영어를 배워 learn English

We want to learn English.
위 원트 투 런 잉글리쉬

우리말만 보고 영어로 **자동발사** 해 보세요.   🎧 MP3를 들으며 자동발사가 되는지 확인해 보세요.

나는 ~하고 싶어   I want to ~

나는 머무르고 싶어.	📢 I want to stay.
나는 알고 싶어.	
나는 그 파티를 즐기고 싶어.	
나는 너를 돕고 싶어.	
나는 트럭을 운전하고 싶어.	
나는 컴퓨터를 사용하고 싶어.	
나는 그 소파를 바꾸고 싶어.	
나는 영어를 배우고 싶어.	

우리는 ~하고 싶어   We want to ~

우리는 머무르고 싶어.	📢 We want to stay.
우리는 알고 싶어.	
우리는 그 파티를 즐기고 싶어.	
우리는 너를 돕고 싶어.	
우리는 트럭을 운전하고 싶어.	
우리는 컴퓨터를 사용하고 싶어.	
우리는 그 소파를 바꾸고 싶어.	
우리는 영어를 배우고 싶어.	

다시 한 번 말해보면서 자동발사 되는지 **확인** 해 보세요.

나는 ~하고 싶어

나는 머무르고 싶어.	I want to stay.
나는 알고 싶어.	I want to know.
나는 그 파티를 즐기고 싶어.	I want to enjoy the party.
나는 너를 돕고 싶어.	I want to help you.
나는 트럭을 운전하고 싶어.	I want to drive a truck.
나는 컴퓨터를 사용하고 싶어.	I want to use a computer.
나는 그 소파를 바꾸고 싶어.	I want to change the sofa.
나는 영어를 배우고 싶어.	I want to learn English.

우리는 ~하고 싶어

우리는 머무르고 싶어.	We want to stay.
우리는 알고 싶어.	We want to know.
우리는 그 파티를 즐기고 싶어.	We want to enjoy the party.
우리는 너를 돕고 싶어.	We want to help you.
우리는 트럭을 운전하고 싶어.	We want to drive a truck.
우리는 컴퓨터를 사용하고 싶어.	We want to use a computer.
우리는 그 소파를 바꾸고 싶어.	We want to change the sofa.
우리는 영어를 배우고 싶어.	We want to learn English.

영어 문장을 따라하며 에코잉 해 보세요.   MP3를 들으며 메아리처럼 에코잉 해 보세요.

그들은 ~하고 싶어   They want to ~

그들은 머무르고 싶어.
머물러 stay

They want to stay.
데이 원트 투 스테이

그들은 알고 싶어.
알아 know

They want to know.
데이 원트 투 노우

그들은 그 파티를 즐기고 싶어.
그 파티를 즐겨 enjoy the party

They want to enjoy the party.
데이 원트 투 인조이 더 파뤼

그들은 너를 돕고 싶어.
너를 도와 help you

They want to help you.
데이 원트 투 헬프 유

그들은 자전거를 타고 싶어.
자전거를 타 ride a bicycle

They want to ride a bicycle.
데이 원트 투 라이드 어 바이씨클

그들은 그 상자를 열고 싶어.
그 상자를 열어 open the box

They want to open the box.
데이 원트 투 오픈 더 박스

그들은 그 게임을 이기고 싶어.
그 게임을 이겨 win the game

They want to win the game.
데이 원트 투 윈 더 게임

그들은 택시를 타고 싶어.
택시를 타 take a taxi

They want to take a taxi.
데이 원트 투 테이크 어 택시

영어 문장을 따라하며 에코잉 해 보세요.

| 그는 ~하고 싶어 | He wants to ~ |

그는 머무르고 싶어.
머물러 stay

He wants to stay.
히 원츠 투 스테이

그는 알고 싶어.
알아 know

He wants to know.
히 원츠 투 노우

그는 그 파티를 즐기고 싶어.
그 파티를 즐겨 enjoy the party

He wants to enjoy the party.
히 원츠 투 인조이 더 파뤼

그는 너를 돕고 싶어.
너를 도와 help you

He wants to help you.
히 원츠 투 헬프 유

그는 자전거를 타고 싶어.
자전거를 타 ride a bicycle

He wants to ride a bicycle.
히 원츠 투 라이드 어 바이씨클

그는 그 상자를 열고 싶어.
그 상자를 열어 open the box

He wants to open the box.
히 원츠 투 오픈 더 박스

그는 그 게임을 이기고 싶어.
그 게임을 이겨 win the game

He wants to win the game.
히 원츠 투 윈 더 게임

그는 택시를 타고 싶어.
택시를 타 take a taxi

He wants to take a taxi.
히 원츠 투 테이크 어 택시

DAY 11 왕초보 말문트기 2탄

우리말만 보고 영어로 **자동발사** 해 보세요. 🎧 MP3를 들으며 자동발사가 되는지 확인해 보세요.

그들은 ~하고 싶어   They want to ~

그들은 머무르고 싶어.   📣 They want to stay.
그들은 알고 싶어.
그들은 그 파티를 즐기고 싶어.
그들은 너를 돕고 싶어.
그들은 자전거를 타고 싶어.
그들은 그 상자를 열고 싶어.
그들은 그 게임을 이기고 싶어.
그들은 택시를 타고 싶어.

그는 ~하고 싶어   He wants to ~

그는 머무르고 싶어.   📣 He wants to stay.
그는 알고 싶어.
그는 그 파티를 즐기고 싶어.
그는 너를 돕고 싶어.
그는 자전거를 타고 싶어.
그는 그 상자를 열고 싶어.
그는 그 게임을 이기고 싶어.
그는 택시를 타고 싶어.

다시 한 번 말해보면서 자동발사 되는지 **확인** 해 보세요.

그들은 ~하고 싶어

그들은 머무르고 싶어.	They want to stay.
그들은 알고 싶어.	They want to know.
그들은 그 파티를 즐기고 싶어.	They want to enjoy the party.
그들은 너를 돕고 싶어.	They want to help you.
그들은 자전거를 타고 싶어.	They want to ride a bicycle.
그들은 그 상자를 열고 싶어.	They want to open the box.
그들은 그 게임을 이기고 싶어.	They want to win the game.
그들은 택시를 타고 싶어.	They want to take a taxi.

그는 ~하고 싶어

그는 머무르고 싶어.	He wants to stay.
그는 알고 싶어.	He wants to know.
그는 그 파티를 즐기고 싶어.	He wants to enjoy the party.
그는 너를 돕고 싶어.	He wants to help you.
그는 자전거를 타고 싶어.	He wants to ride a bicycle.
그는 그 상자를 열고 싶어.	He wants to open the box.
그는 그 게임을 이기고 싶어.	He wants to win the game.
그는 택시를 타고 싶어.	He wants to take a taxi.

DAY 12 | 나는 춤 안 추고 싶어.
I don't want to dance.

나는 ~ 안 하고 싶어

'춤춰'는 dance, '나는 춤 안 추고 싶어'는 그 앞에 **I don't want to**를 붙이면 돼요.

I don't want to dance. 이렇게요.
아이   돈트   원트   투   댄쓰

따라하며 톡!

영어 문장을 따라하며 에코잉 해 보세요.   🎧 MP3를 들으며 메아리처럼 에코잉 해 보세요.

나는 ~ 안 하고 싶어   I don't want to ~

나는 안 머무르고 싶어.
머물러 stay
I don't want to stay.
아이 돈트 원트 투 스테이

나는 안 멈추고 싶어.
멈춰 stop
I don't want to stop.
아이 돈트 원트 투 스탑

나는 그 집을 안 팔고 싶어.
그 집을 팔아 sell the house
I don't want to sell the house.
아이 돈트 원트 투 쎌 더 하우스

나는 그 경주를 안 지고 싶어.
그 경주를 져 lose the race
I don't want to lose the race.
아이 돈트 원트 투 루즈 더 뤠이스

나는 그 문을 안 닫고 싶어.
그 문을 닫아 close the door
I don't want to close the door.
아이 돈트 원트 투 클로즈 더 도어

나는 샐러드를 안 먹고 싶어.
샐러드를 먹어 eat salad
I don't want to eat salad.
아이 돈트 원트 투 이트 쌜러드

나는 편지를 안 쓰고 싶어.
편지를 써 write a letter
I don't want to write a letter.
아이 돈트 원트 투 롸이트 어 레러

나는 돈을 안 쓰고 싶어.
돈을 써 spend money
I don't want to spend money.
아이 돈트 원트 투 스펜드 머니

영어 문장을 따라하며 에코잉 해 보세요.

우리는 ~ 안 하고 싶어   We don't want to ~

우리는 안 머무르고 싶어.
머물러 stay

We don't want to stay.
위   돈트   원트   투   스테이

우리는 안 멈추고 싶어.
멈춰 stop

We don't want to stop.
위   돈트   원트   투   스탑

우리는 그 집을 안 팔고 싶어.
그 집을 팔아 sell the house

We don't want to sell the house.
위   돈트   원트   투   쎌   더   하우스

우리는 그 경주를 안 지고 싶어.
그 경주를 져 lose the race

We don't want to lose the race.
위   돈트   원트   투   루즈   더   레이스

우리는 그 문을 안 닫고 싶어.
그 문을 닫아 close the door

We don't want to close the door.
위   돈트   원트   투   클로즈   더   도어

우리는 샐러드를 안 먹고 싶어.
샐러드를 먹어 eat salad

We don't want to eat salad.
위   돈트   원트   투   이트   쌜러드

우리는 편지를 안 쓰고 싶어.
편지를 써 write a letter

We don't want to write a letter.
위   돈트   원트   투   라이트   어   레러

우리는 돈을 안 쓰고 싶어.
돈을 써 spend money

We don't want to spend money.
위   돈트   원트   투   스펜드   머니

우리말만 보고 영어로 **자동발사** 해 보세요.   🎧 MP3를 들으며 자동발사가 되는지 확인해 보세요.

나는 ~ 안 하고 싶어 — I don't want to ~

나는 안 머무르고 싶어.	📢 I don't want to stay.
나는 안 멈추고 싶어.	
나는 그 집을 안 팔고 싶어.	
나는 그 경주를 안 지고 싶어.	
나는 그 문을 안 닫고 싶어.	
나는 샐러드를 안 먹고 싶어.	
나는 편지를 안 쓰고 싶어.	
나는 돈을 안 쓰고 싶어.	

우리는 ~ 안 하고 싶어 — We don't want to ~

우리는 안 머무르고 싶어.	📢 We don't want to stay.
우리는 안 멈추고 싶어.	
우리는 그 집을 안 팔고 싶어.	
우리는 그 경주를 안 지고 싶어.	
우리는 그 문을 안 닫고 싶어.	
우리는 샐러드를 안 먹고 싶어.	
우리는 편지를 안 쓰고 싶어.	
우리는 돈을 안 쓰고 싶어.	

다시 한 번 말해보면서 자동발사 되는지 **확인** 해 보세요.

나는 ~ 안 하고 싶어

나는 안 머무르고 싶어.	I don't want to stay.
나는 안 멈추고 싶어.	I don't want to stop.
나는 그 집을 안 팔고 싶어.	I don't want to sell the house.
나는 그 경주를 안 지고 싶어.	I don't want to lose the race.
나는 그 문을 안 닫고 싶어.	I don't want to close the door.
나는 샐러드를 안 먹고 싶어.	I don't want to eat salad.
나는 편지를 안 쓰고 싶어.	I don't want to write a letter.
나는 돈을 안 쓰고 싶어.	I don't want to spend money.

우리는 ~ 안 하고 싶어

우리는 안 머무르고 싶어.	We don't want to stay.
우리는 안 멈추고 싶어.	We don't want to stop.
우리는 그 집을 안 팔고 싶어.	We don't want to sell the house.
우리는 그 경주를 안 지고 싶어.	We don't want to lose the race.
우리는 그 문을 안 닫고 싶어.	We don't want to close the door.
우리는 샐러드를 안 먹고 싶어.	We don't want to eat salad.
우리는 편지를 안 쓰고 싶어.	We don't want to write a letter.
우리는 돈을 안 쓰고 싶어.	We don't want to spend money.

영어 문장을 따라하며 에코잉 해 보세요.   MP3를 들으며 메아리처럼 에코잉 해 보세요.

그들은 ~ 안 하고 싶어   They don't want to ~

그들은 안 머무르고 싶어.
머물러 stay

They don't want to stay.
데이 돈트 원트 투 스테이

그들은 안 멈추고 싶어.
멈춰 stop

They don't want to stop.
데이 돈트 원트 투 스탑

그들은 그 집을 안 팔고 싶어.
그 집을 팔아 sell the house

They don't want to sell the house.
데이 돈트 원트 투 쎌 더 하우스

그들은 그 경주를 안 지고 싶어.
그 경주를 져 lose the race

They don't want to lose the race.
데이 돈트 원트 투 루즈 더 레이스

그들은 현금을 지불 안 하고 싶어.
현금을 지불해 pay cash

They don't want to pay cash.
데이 돈트 원트 투 페이 캐쉬

그들은 파이를 안 굽고 싶어.
파이를 구워 bake a pie

They don't want to bake a pie.
데이 돈트 원트 투 베이크 어 파이

그들은 그 벽을 안 칠하고 싶어.
그 벽을 칠해 paint the wall

They don't want to paint the wall.
데이 돈트 원트 투 페인트 더 월

그들은 유나를 초대 안 하고 싶어.
유나를 초대해 invite 유나

They don't want to invite 유나.
데이 돈트 원트 투 인봐이트 유나

영어 문장을 따라하며 에코잉 해 보세요.

그녀는 ~ 안 하고 싶어   She doesn't want to ~

그녀는 안 머무르고 싶어.
머물러 stay

She doesn't want to stay.
쉬 더즌트 원트 투 스테이

그녀는 안 멈추고 싶어.
멈춰 stop

She doesn't want to stop.
쉬 더즌트 원트 투 스탑

그녀는 그 집을 안 팔고 싶어.
그 집을 팔아 sell the house

She doesn't want to sell the house.
쉬 더즌트 원트 투 쎌 더 하우스

그녀는 그 경주를 안 지고 싶어.
그 경주를 져 lose the race

She doesn't want to lose the race.
쉬 더즌트 원트 투 루즈 더 뤠이스

그녀는 현금을 지불 안 하고 싶어.
현금을 지불해 pay cash

She doesn't want to pay cash.
쉬 더즌트 원트 투 페이 캐쉬

그녀는 파이를 안 굽고 싶어.
파이를 구워 bake a pie

She doesn't want to bake a pie.
쉬 더즌트 원트 투 베이크 어 파이

그녀는 그 벽을 안 칠하고 싶어.
그 벽을 칠해 paint the wall

She doesn't want to paint the wall.
쉬 더즌트 원트 투 페인트 더 월

그녀는 유나를 초대 안 하고 싶어.
유나를 초대해 invite 유나

She doesn't want to invite 유나.
쉬 더즌트 원트 투 인봐이트 유나

DAY 12

우리말만 보고 영어로 **자동발사** 해 보세요. 　　　　　MP3를 들으며 자동발사가 되는지 확인해 보세요.

그들은 ~ 안 하고 싶어　　　　　They don't want to ~

그들은 안 머무르고 싶어.	They don't want to stay.
그들은 안 멈추고 싶어.	
그들은 그 집을 안 팔고 싶어.	
그들은 그 경주를 안 지고 싶어.	
그들은 현금을 지불 안 하고 싶어.	
그들은 파이를 안 굽고 싶어.	
그들은 그 벽을 안 칠하고 싶어.	
그들은 유나를 초대 안 하고 싶어.	

그녀는 ~ 안 하고 싶어　　　　　She doesn't want to ~

그녀는 안 머무르고 싶어.	She doesn't want to stay.
그녀는 안 멈추고 싶어.	
그녀는 그 집을 안 팔고 싶어.	
그녀는 그 경주를 안 지고 싶어.	
그녀는 현금을 지불 안 하고 싶어.	
그녀는 파이를 안 굽고 싶어.	
그녀는 그 벽을 안 칠하고 싶어.	
그녀는 유나를 초대 안 하고 싶어.	

다시 한 번 말해보면서 자동발사 되는지 **확인** 해 보세요.

그들은 ~ 안 하고 싶어

그들은 안 머무르고 싶어.	They don't want to stay.
그들은 안 멈추고 싶어.	They don't want to stop.
그들은 그 집을 안 팔고 싶어.	They don't want to sell the house.
그들은 그 경주를 안 지고 싶어.	They don't want to lose the race.
그들은 현금을 지불 안 하고 싶어.	They don't want to pay cash.
그들은 파이를 안 굽고 싶어.	They don't want to bake a pie.
그들은 그 벽을 안 칠하고 싶어.	They don't want to paint the wall.
그들은 유나를 초대 안 하고 싶어.	They don't want to invite 유나.

그녀는 ~ 안 하고 싶어

그녀는 안 머무르고 싶어.	She doesn't want to stay.
그녀는 안 멈추고 싶어.	She doesn't want to stop.
그녀는 그 집을 안 팔고 싶어.	She doesn't want to sell the house.
그녀는 그 경주를 안 지고 싶어.	She doesn't want to lose the race.
그녀는 현금을 지불 안 하고 싶어.	She doesn't want to pay cash.
그녀는 파이를 안 굽고 싶어.	She doesn't want to bake a pie.
그녀는 그 벽을 안 칠하고 싶어.	She doesn't want to paint the wall.
그녀는 유나를 초대 안 하고 싶어.	She doesn't want to invite 유나.

DAY 13 | 너는 춤추고 싶니?

Do you want to dance?

너는 ~하고 싶니?

'춤춰'는 dance, '너는 춤추고 싶니?'는 그 앞에 **Do you want to**를 붙이면 돼요.

 **Do you want to dance?** 이렇게요.

두 유 원트 투 댄쓰

영어 문장을 따라하며 에코잉 해 보세요. 　　　　　　🎧 MP3를 들으며 메아리처럼 에코잉 해 보세요.

| 너는 ~하고 싶니? | Do you want to ~ |

너는 머무르고 싶니?
머물러 stay
Do you want to stay?
두 유 원트 투 스테이

너는 시도하고 싶니?
시도해 try
Do you want to try?
두 유 원트 투 트라이

너는 자동차를 사고 싶니?
자동차를 사 buy a car
Do you want to buy a car?
두 유 원트 투 바이 어 카

너는 영어를 말하고 싶니?
영어를 말해 speak English
Do you want to speak English?
두 유 원트 투 스피크 잉글리쉬

너는 그 규칙을 바꾸고 싶니?
그 규칙을 바꿔 change the rule
Do you want to change the rule?
두 유 원트 투 체인쥐 더 룰

너는 컴퓨터를 사용하고 싶니?
컴퓨터를 사용해 use a computer
Do you want to use a computer?
두 유 원트 투 유즈 어 컴퓨터

너는 요가를 배우고 싶니?
요가를 배워 learn yoga
Do you want to learn yoga?
두 유 원트 투 런 요가

너는 트럭을 운전하고 싶니?
트럭을 운전해 drive a truck
Do you want to drive a truck?
두 유 원트 투 드라이브 어 트럭

영어 문장을 따라하며 에코잉 해 보세요.

| 그들은 ~하고 싶니? | Do they want to ~ |

그들은 머무르고 싶니?
머물러 stay

Do they want to stay?
두   데이   원트   투   스테이

그들은 시도하고 싶니?
시도해 try

Do they want to try?
두   데이   원트   투   트라이

그들은 자동차를 사고 싶니?
자동차를 사 buy a car

Do they want to buy a car?
두   데이   원트   투   바이 어 카

그들은 영어를 말하고 싶니?
영어를 말해 speak English

Do they want to speak English?
두   데이   원트   투   스피크   잉글리쉬

그들은 그 규칙을 바꾸고 싶니?
그 규칙을 바꿔 change the rule

Do they want to change the rule?
두   데이   원트   투   췌인쥐   더   룰

그들은 컴퓨터를 사용하고 싶니?
컴퓨터를 사용해 use a computer

Do they want to use a computer?
두   데이   원트   투   유즈 어   컴퓨러

그들은 요가를 배우고 싶니?
요가를 배워 learn yoga

Do they want to learn yoga?
두   데이   원트   투   런   요가

그들은 트럭을 운전하고 싶니?
트럭을 운전해 drive a truck

Do they want to drive a truck?
두   데이   원트   투   드라이브 어   트뤽

우리말만 보고 영어로 **자동발사** 해 보세요. MP3를 들으며 자동발사가 되는지 확인해 보세요.

너는 ~하고 싶니?   Do you want to ~

너는 머무르고 싶니?   Do you want to stay?
너는 시도하고 싶니?
너는 자동차를 사고 싶니?
너는 영어를 말하고 싶니?
너는 그 규칙을 바꾸고 싶니?
너는 컴퓨터를 사용하고 싶니?
너는 요가를 배우고 싶니?
너는 트럭을 운전하고 싶니?

그들은 ~하고 싶니?   Do they want to ~

그들은 머무르고 싶니?   Do they want to stay?
그들은 시도하고 싶니?
그들은 자동차를 사고 싶니?
그들은 영어를 말하고 싶니?
그들은 그 규칙을 바꾸고 싶니?
그들은 컴퓨터를 사용하고 싶니?
그들은 요가를 배우고 싶니?
그들은 트럭을 운전하고 싶니?

다시 한 번 말해보면서 자동발사 되는지 **확인** 해 보세요.

너는 ~하고 싶니?

너는 머무르고 싶니?	Do you want to stay?
너는 시도하고 싶니?	Do you want to try?
너는 자동차를 사고 싶니?	Do you want to buy a car?
너는 영어를 말하고 싶니?	Do you want to speak English?
너는 그 규칙을 바꾸고 싶니?	Do you want to change the rule?
너는 컴퓨터를 사용하고 싶니?	Do you want to use a computer?
너는 요가를 배우고 싶니?	Do you want to learn yoga?
너는 트럭을 운전하고 싶니?	Do you want to drive a truck?

그들은 ~하고 싶니?

그들은 머무르고 싶니?	Do they want to stay?
그들은 시도하고 싶니?	Do they want to try?
그들은 자동차를 사고 싶니?	Do they want to buy a car?
그들은 영어를 말하고 싶니?	Do they want to speak English?
그들은 그 규칙을 바꾸고 싶니?	Do they want to change the rule?
그들은 컴퓨터를 사용하고 싶니?	Do they want to use a computer?
그들은 요가를 배우고 싶니?	Do they want to learn yoga?
그들은 트럭을 운전하고 싶니?	Do they want to drive a truck?

영어 문장을 따라하며 에코잉 해 보세요. 🎧 MP3를 들으며 메아리처럼 에코잉 해 보세요.

그는 ~하고 싶니? Does he want to ~

그는 머무르고 싶니?
머물러 stay
Does he want to stay?
더즈   히   원트   투   스테이

그는 시도하고 싶니?
시도해 try
Does he want to try?
더즈   히   원트   투   트라이

그는 자동차를 사고 싶니?
자동차를 사 buy a car
Does he want to buy a car?
더즈   히   원트   투   바이 어 카

그는 영어를 말하고 싶니?
영어를 말해 speak English
Does he want to speak English?
더즈   히   원트   투   스피크   잉글리쉬

그는 주스를 마시고 싶니?
주스를 마셔 drink juice
Does he want to drink juice?
더즈   히   원트   투   드링크   주스

그는 기회를 얻고 싶니?
기회를 얻어 get a chance
Does he want to get a chance?
더즈   히   원트   투   겟 어   췐스

그는 택시를 타고 싶니?
택시를 타 take a taxi
Does he want to take a taxi?
더즈   히   원트   투   테이크 어 택시

그는 LA를 방문하고 싶니?
LA를 방문해 visit LA
Does he want to visit LA?
더즈   히   원트   투   뷔지트   엘에이

132 무료 기초영어 강의·교재 MP3 제공 | HackersTalk.co.kr

영어 문장을 따라하며 에코잉 해 보세요.

그녀는 ~하고 싶니? Does she want to ~

그녀는 머무르고 싶니?
머물러 stay

Does she want to stay?
더즈 쉬 원트 투 스테이

그녀는 시도하고 싶니?
시도해 try

Does she want to try?
더즈 쉬 원트 투 트라이

그녀는 자동차를 사고 싶니?
자동차를 사 buy a car

Does she want to buy a car?
더즈 쉬 원트 투 바이 어 카

그녀는 영어를 말하고 싶니?
영어를 말해 speak English

Does she want to speak English?
더즈 쉬 원트 투 스피크 잉글리쉬

그녀는 주스를 마시고 싶니?
주스를 마셔 drink juice

Does she want to drink juice?
더즈 쉬 원트 투 드링크 주스

그녀는 기회를 얻고 싶니?
기회를 얻어 get a chance

Does she want to get a chance?
더즈 쉬 원트 투 겟 어 챈스

그녀는 택시를 타고 싶니?
택시를 타 take a taxi

Does she want to take a taxi?
더즈 쉬 원트 투 테이크 어 택시

그녀는 LA를 방문하고 싶니?
LA를 방문해 visit LA

Does she want to visit LA?
더즈 쉬 원트 투 뷔지트 엘에이

우리말만 보고 영어로 **자동발사** 해 보세요.　　　🎧 MP3를 들으며 자동발사가 되는지 확인해 보세요.

그는 ~하고 싶니?　　　Does he want to ~

그는 머무르고 싶니?	📢 Does he want to stay?
그는 시도하고 싶니?	
그는 자동차를 사고 싶니?	
그는 영어를 말하고 싶니?	
그는 주스를 마시고 싶니?	
그는 기회를 얻고 싶니?	
그는 택시를 타고 싶니?	
그는 LA를 방문하고 싶니?	

그녀는 ~하고 싶니?　　　Does she want to ~

그녀는 머무르고 싶니?	📢 Does she want to stay?
그녀는 시도하고 싶니?	
그녀는 자동차를 사고 싶니?	
그녀는 영어를 말하고 싶니?	
그녀는 주스를 마시고 싶니?	
그녀는 기회를 얻고 싶니?	
그녀는 택시를 타고 싶니?	
그녀는 LA를 방문하고 싶니?	

다시 한 번 말해보면서 자동발사 되는지 **확인** 해 보세요.

그는 ~하고 싶니?

그는 머무르고 싶니?	Does he want to stay?
그는 시도하고 싶니?	Does he want to try?
그는 자동차를 사고 싶니?	Does he want to buy a car?
그는 영어를 말하고 싶니?	Does he want to speak English?
그는 주스를 마시고 싶니?	Does he want to drink juice?
그는 기회를 얻고 싶니?	Does he want to get a chance?
그는 택시를 타고 싶니?	Does he want to take a taxi?
그는 LA를 방문하고 싶니?	Does he want to visit LA?

그녀는 ~하고 싶니?

그녀는 머무르고 싶니?	Does she want to stay?
그녀는 시도하고 싶니?	Does she want to try?
그녀는 자동차를 사고 싶니?	Does she want to buy a car?
그녀는 영어를 말하고 싶니?	Does she want to speak English?
그녀는 주스를 마시고 싶니?	Does she want to drink juice?
그녀는 기회를 얻고 싶니?	Does she want to get a chance?
그녀는 택시를 타고 싶니?	Does she want to take a taxi?
그녀는 LA를 방문하고 싶니?	Does she want to visit LA?

DAY 14 | 너의 이름은 무엇이니?

What is your name?

너의 ~은 무엇이니?

> 너의 이름은 무엇이니?

> 묵비권 행사하겠습니다...

'너의 이름'은 your name, '너의 이름은 무엇이니?'는 그 앞에 **What is**를 붙이면 돼요.

 **What is your name?** 이렇게요.
왓 이즈 유얼 네임

영어 문장을 따라하며 에코잉 해 보세요. 🎧 MP3를 들으며 메아리처럼 에코잉 해 보세요.

너의 ~은 무엇이니? What is ~
~은 무엇이었니? What was ~

너의 꿈은 무엇이니?
너의 꿈 your dream

What is your dream?
왓 이즈 유얼 드림

너의 꿈은 무엇이었니?
너의 꿈 your dream

What was your dream?
왓 워즈 유얼 드림

너의 직업은 무엇이니?
너의 직업 your job

What is your job?
왓 이즈 유얼 잡

너의 직업은 무엇이었니?
너의 직업 your job

What was your job?
왓 워즈 유얼 잡

너의 취미는 무엇이니?
너의 취미 your hobby

What is your hobby?
왓 이즈 유얼 하비

너의 취미는 무엇이었니?
너의 취미 your hobby

What was your hobby?
왓 워즈 유얼 하비

너의 계획은 무엇이니?
너의 계획 your plan

What is your plan?
왓 이즈 유얼 플랜

너의 계획은 무엇이었니?
너의 계획 your plan

What was your plan?
왓 워즈 유얼 플랜

영어 문장을 따라하며 에코잉 해 보세요.

> **그들**의 ~은 무엇이니?　　What is ~
> 　　　~은 무엇이었니?　　What was ~

그들의 꿈은 무엇이니?
그들의 꿈 their dream

What is their dream?
왓　이즈　데얼　드림

그들의 꿈은 무엇이었니?
그들의 꿈 their dream

What was their dream?
왓　워즈　데얼　드림

그들의 직업은 무엇이니?
그들의 직업 their job

What is their job?
왓　이즈　데얼　좁

그들의 직업은 무엇이었니?
그들의 직업 their job

What was their job?
왓　워즈　데얼　좁

그들의 취미는 무엇이니?
그들의 취미 their hobby

What is their hobby?
왓　이즈　데얼　하비

그들의 취미는 무엇이었니?
그들의 취미 their hobby

What was their hobby?
왓　워즈　데얼　하비

그들의 계획은 무엇이니?
그들의 계획 their plan

What is their plan?
왓　이즈　데얼　플랜

그들의 계획은 무엇이었니?
그들의 계획 their plan

What was their plan?
왓　워즈　데얼　플랜

DAY 14 왕초보 말문트기 2탄

우리말만 보고 영어로 **자동발사** 해 보세요. 　🎧 MP3를 들으며 자동발사가 되는지 확인해 보세요.

너의 ~은 무엇이니?, ~은 무엇이었니?　　What is ~, What was ~

너의 꿈은 무엇이니?	📣 What is your dream?
너의 꿈은 무엇이었니?	
너의 직업은 무엇이니?	
너의 직업은 무엇이었니?	
너의 취미는 무엇이니?	
너의 취미는 무엇이었니?	
너의 계획은 무엇이니?	
너의 계획은 무엇이었니?	

그들의 ~은 무엇이니?, ~은 무엇이었니?　　What is ~, What was ~

그들의 꿈은 무엇이니?	📣 What is their dream?
그들의 꿈은 무엇이었니?	
그들의 직업은 무엇이니?	
그들의 직업은 무엇이었니?	
그들의 취미는 무엇이니?	
그들의 취미는 무엇이었니?	
그들의 계획은 무엇이니?	
그들의 계획은 무엇이었니?	

다시 한 번 말해보면서 자동발사 되는지 **확인** 해 보세요.

너의 ~은 무엇이니?, ~은 무엇이었니?

너의 꿈은 무엇이니?	What is your dream?
너의 꿈은 무엇이었니?	What was your dream?
너의 직업은 무엇이니?	What is your job?
너의 직업은 무엇이었니?	What was your job?
너의 취미는 무엇이니?	What is your hobby?
너의 취미는 무엇이었니?	What was your hobby?
너의 계획은 무엇이니?	What is your plan?
너의 계획은 무엇이었니?	What was your plan?

그들의 ~은 무엇이니?, ~은 무엇이었니?

그들의 꿈은 무엇이니?	What is their dream?
그들의 꿈은 무엇이었니?	What was their dream?
그들의 직업은 무엇이니?	What is their job?
그들의 직업은 무엇이었니?	What was their job?
그들의 취미는 무엇이니?	What is their hobby?
그들의 취미는 무엇이었니?	What was their hobby?
그들의 계획은 무엇이니?	What is their plan?
그들의 계획은 무엇이었니?	What was their plan?

영어 문장을 따라하며 에코잉 해 보세요.   🎧 MP3를 들으며 메아리처럼 에코잉 해 보세요.

| 그의 ~은 무엇이니? | What is ~ |
| ~은 무엇이었니? | What was ~ |

그의 꿈은 무엇이니?
그의 꿈 his dream

What is his dream?
왓 이즈 히즈 드림

그의 꿈은 무엇이었니?
그의 꿈 his dream

What was his dream?
왓 워즈 히즈 드림

그의 직업은 무엇이니?
그의 직업 his job

What is his job?
왓 이즈 히즈 잡

그의 직업은 무엇이었니?
그의 직업 his job

What was his job?
왓 워즈 히즈 잡

그의 아이디어는 무엇이니?
그의 아이디어 his idea

What is his idea?
왓 이즈 히즈 아이디어

그의 아이디어는 무엇이었니?
그의 아이디어 his idea

What was his idea?
왓 워즈 히즈 아이디어

그의 문제는 무엇이니?
그의 문제 his problem

What is his problem?
왓 이즈 히즈 프라블럼

그의 문제는 무엇이었니?
그의 문제 his problem

What was his problem?
왓 워즈 히즈 프라블럼

영어 문장을 따라하며 에코잉 해 보세요.

> **그녀**의 ~은 무엇이니?   What is ~
> ~은 무엇이었니?   What was ~

그녀의 꿈은 무엇이니?
그녀의 꿈 her dream

What is her dream?
왓   이즈   헐   드림

그녀의 꿈은 무엇이었니?
그녀의 꿈 her dream

What was her dream?
왓   워즈   헐   드림

그녀의 직업은 무엇이니?
그녀의 직업 her job

What is her job?
왓   이즈   헐   잡

그녀의 직업은 무엇이었니?
그녀의 직업 her job

What was her job?
왓   워즈   헐   잡

그녀의 아이디어는 무엇이니?
그녀의 아이디어 her idea

What is her idea?
왓   이즈   헐   아이디어

그녀의 아이디어는 무엇이었니?
그녀의 아이디어 her idea

What was her idea?
왓   워즈   헐   아이디어

그녀의 문제는 무엇이니?
그녀의 문제 her problem

What is her problem?
왓   이즈   헐   프라블럼

그녀의 문제는 무엇이었니?
그녀의 문제 her problem

What was her problem?
왓   워즈   헐   프라블럼

우리말만 보고 영어로 **자동발사** 해 보세요.　　🎧 MP3를 들으며 자동발사가 되는지 확인해 보세요.

그의 ~은 무엇이니?, ~은 무엇이었니?　　What is ~, What was ~

그의 꿈은 무엇이니?	📢 What is his dream?
그의 꿈은 무엇이었니?	
그의 직업은 무엇이니?	
그의 직업은 무엇이었니?	
그의 아이디어는 무엇이니?	
그의 아이디어는 무엇이었니?	
그의 문제는 무엇이니?	
그의 문제는 무엇이었니?	

그녀의 ~은 무엇이니?, ~은 무엇이었니?　　What is ~, What was ~

그녀의 꿈은 무엇이니?	📢 What is her dream?
그녀의 꿈은 무엇이었니?	
그녀의 직업은 무엇이니?	
그녀의 직업은 무엇이었니?	
그녀의 아이디어는 무엇이니?	
그녀의 아이디어는 무엇이었니?	
그녀의 문제는 무엇이니?	
그녀의 문제는 무엇이었니?	

다시 한 번 말해보면서 자동발사 되는지 **확인** 해 보세요.

그의 ~은 무엇이니?, ~은 무엇이었니?

그의 꿈은 무엇이니?	What is his dream?
그의 꿈은 무엇이었니?	What was his dream?
그의 직업은 무엇이니?	What is his job?
그의 직업은 무엇이었니?	What was his job?
그의 아이디어는 무엇이니?	What is his idea?
그의 아이디어는 무엇이었니?	What was his idea?
그의 문제는 무엇이니?	What is his problem?
그의 문제는 무엇이었니?	What was his problem?

그녀의 ~은 무엇이니?, ~은 무엇이었니?

그녀의 꿈은 무엇이니?	What is her dream?
그녀의 꿈은 무엇이었니?	What was her dream?
그녀의 직업은 무엇이니?	What is her job?
그녀의 직업은 무엇이었니?	What was her job?
그녀의 아이디어는 무엇이니?	What is her idea?
그녀의 아이디어는 무엇이었니?	What was her idea?
그녀의 문제는 무엇이니?	What is her problem?
그녀의 문제는 무엇이었니?	What was her problem?

DAY 15 | 너의 직업은 어떠니?

How is your job?

너의 ~은 어떠니?

> 너의 직업은 어떠니?

나도 한 번 해볼까?

뭐... 그럭저럭 할 만해요.

'너의 직업'은 your job, '너의 직업은 어떠니?'는 그 앞에 **How is**를 붙이면 돼요.

How is your job? 이렇게요.

하우　이즈　유얼　잡

따라하며

영어 문장을 따라하며 에코잉 해 보세요.   🎧 MP3를 들으며 메아리처럼 에코잉 해 보세요.

너의 ~은 어떠니? How is ~
~은 어땠니? How was ~

너의 건강은 어떠니?
너의 건강 your health
How is your health?
하우 이즈 유얼 헬쓰

너의 건강은 어땠니?
너의 건강 your health
How was your health?
하우 워즈 유얼 헬쓰

너의 가족은 어떠니?
너의 가족 your family
How is your family?
하우 이즈 유얼 풰밀리

너의 가족은 어땠니?
너의 가족 your family
How was your family?
하우 워즈 유얼 풰밀리

너의 프로젝트는 어떠니?
너의 프로젝트 your project
How is your project?
하우 이즈 유얼 프뤄젝트

너의 프로젝트는 어땠니?
너의 프로젝트 your project
How was your project?
하우 워즈 유얼 프뤄젝트

너의 엄마는 어떠니?
너의 엄마 your mom
How is your mom?
하우 이즈 유얼 맘

너의 엄마는 어땠니?
너의 엄마 your mom
How was your mom?
하우 워즈 유얼 맘

영어 문장을 따라하며 **에코잉** 해 보세요.

> **그들**의 ~은 어떠니? **How is ~**
> ~은 어땠니? **How was ~**

그들의 건강은 어떠니?
그들의 건강 their health

How is their health?
하우 이즈 데얼 헬쓰

그들의 건강은 어땠니?
그들의 건강 their health

How was their health?
하우 워즈 데얼 헬쓰

그들의 가족은 어떠니?
그들의 가족 their family

How is their family?
하우 이즈 데얼 풰밀리

그들의 가족은 어땠니?
그들의 가족 their family

How was their family?
하우 워즈 데얼 풰밀리

그들의 프로젝트는 어떠니?
그들의 프로젝트 their project

How is their project?
하우 이즈 데얼 프뤄젝트

그들의 프로젝트는 어땠니?
그들의 프로젝트 their project

How was their project?
하우 워즈 데얼 프뤄젝트

그들의 엄마는 어떠니?
그들의 엄마 their mom

How is their mom?
하우 이즈 데얼 맘

그들의 엄마는 어땠니?
그들의 엄마 their mom

How was their mom?
하우 워즈 데얼 맘

우리말만 보고 영어로 **자동발사** 해 보세요.   🎧 MP3를 들으며 자동발사가 되는지 확인해 보세요.

너의 ~은 어떠니?, ~은 어땠니?   How is ~, How was ~

너의 건강은 어떠니?	📢 How is your health?
너의 건강은 어땠니?	
너의 가족은 어떠니?	
너의 가족은 어땠니?	
너의 프로젝트는 어떠니?	
너의 프로젝트는 어땠니?	
너의 엄마는 어떠니?	
너의 엄마는 어땠니?	

그들의 ~은 어떠니?, ~은 어땠니?   How is ~, How was ~

그들의 건강은 어떠니?	📢 How is their health?
그들의 건강은 어땠니?	
그들의 가족은 어떠니?	
그들의 가족은 어땠니?	
그들의 프로젝트는 어떠니?	
그들의 프로젝트는 어땠니?	
그들의 엄마는 어떠니?	
그들의 엄마는 어땠니?	

다시 한 번 말해보면서 자동발사 되는지 **확인** 해 보세요.

너의 ~은 어떠니?, ~은 어땠니?

너의 건강은 어떠니?	How is your health?
너의 건강은 어땠니?	How was your health?
너의 가족은 어떠니?	How is your family?
너의 가족은 어땠니?	How was your family?
너의 프로젝트는 어떠니?	How is your project?
너의 프로젝트는 어땠니?	How was your project?
너의 엄마는 어떠니?	How is your mom?
너의 엄마는 어땠니?	How was your mom?

그들의 ~은 어떠니?, ~은 어땠니?

그들의 건강은 어떠니?	How is their health?
그들의 건강은 어땠니?	How was their health?
그들의 가족은 어떠니?	How is their family?
그들의 가족은 어땠니?	How was their family?
그들의 프로젝트는 어떠니?	How is their project?
그들의 프로젝트는 어땠니?	How was their project?
그들의 엄마는 어떠니?	How is their mom?
그들의 엄마는 어땠니?	How was their mom?

영어 문장을 따라하며 에코잉 해 보세요.　　　　　　🎧 MP3를 들으며 메아리처럼 에코잉 해 보세요.

| 그의 ~은 어떠니? | How is ~ |
| 　~은 어땠니? | How was ~ |

그의 건강은 어떠니?　　　　　　How is his health?
그의 건강 his health　　　　　　하우　이즈　히즈　헬쓰

그의 건강은 어땠니?　　　　　　How was his health?
그의 건강 his health　　　　　　하우　워즈　히즈　헬쓰

그의 가족은 어떠니?　　　　　　How is his family?
그의 가족 his family　　　　　　하우　이즈　히즈　퍼밀리

그의 가족은 어땠니?　　　　　　How was his family?
그의 가족 his family　　　　　　하우　워즈　히즈　퍼밀리

그의 학교는 어떠니?　　　　　　How is his school?
그의 학교 his school　　　　　　하우　이즈　히즈　스쿨

그의 학교는 어땠니?　　　　　　How was his school?
그의 학교 his school　　　　　　하우　워즈　히즈　스쿨

그의 여동생은 어떠니?　　　　　How is his sister?
그의 여동생 his sister　　　　　하우　이즈　히즈　씨스터

그의 여동생은 어땠니?　　　　　How was his sister?
그의 여동생 his sister　　　　　하우　워즈　히즈　씨스터

영어 문장을 따라하며 에코잉 해 보세요.

> **그녀**의 ~은 어떠니?   How is ~
> ~은 어땠니?   How was ~

그녀의 건강은 어떠니?
그녀의 건강 her health

How is her health?
하우 이즈 헐 헬쓰

그녀의 건강은 어땠니?
그녀의 건강 her health

How was her health?
하우 워즈 헐 헬쓰

그녀의 가족은 어떠니?
그녀의 가족 her family

How is her family?
하우 이즈 헐 풰밀리

그녀의 가족은 어땠니?
그녀의 가족 her family

How was her family?
하우 워즈 헐 풰밀리

그녀의 학교는 어떠니?
그녀의 학교 her school

How is her school?
하우 이즈 헐 스쿨

그녀의 학교는 어땠니?
그녀의 학교 her school

How was her school?
하우 워즈 헐 스쿨

그녀의 여동생은 어떠니?
그녀의 여동생 her sister

How is her sister?
하우 이즈 헐 씨스터

그녀의 여동생은 어땠니?
그녀의 여동생 her sister

How was her sister?
하우 워즈 헐 씨스터

자동발사 톡!

우리말만 보고 영어로 **자동발사** 해 보세요.   MP3를 들으며 자동발사가 되는지 확인해 보세요.

그의 ~은 어떠니?, ~은 어땠니?   How is ~, How was ~

그의 건강은 어떠니?	How is his health?
그의 건강은 어땠니?	
그의 가족은 어떠니?	
그의 가족은 어땠니?	
그의 학교는 어떠니?	
그의 학교는 어땠니?	
그의 여동생은 어떠니?	
그의 여동생은 어땠니?	

그녀의 ~은 어떠니?, ~은 어땠니?   How is ~, How was ~

그녀의 건강은 어떠니?	How is her health?
그녀의 건강은 어땠니?	
그녀의 가족은 어떠니?	
그녀의 가족은 어땠니?	
그녀의 학교는 어떠니?	
그녀의 학교는 어땠니?	
그녀의 여동생은 어떠니?	
그녀의 여동생은 어땠니?	

다시 한 번 말해보면서 자동발사 되는지 **확인** 해 보세요.

그의 ~은 어떠니?, ~은 어땠니?

그의 건강은 어떠니?	How is his health?
그의 건강은 어땠니?	How was his health?
그의 가족은 어떠니?	How is his family?
그의 가족은 어땠니?	How was his family?
그의 학교는 어떠니?	How is his school?
그의 학교는 어땠니?	How was his school?
그의 여동생은 어떠니?	How is his sister?
그의 여동생은 어땠니?	How was his sister?

그녀의 ~은 어떠니?, ~은 어땠니?

그녀의 건강은 어떠니?	How is her health?
그녀의 건강은 어땠니?	How was her health?
그녀의 가족은 어떠니?	How is her family?
그녀의 가족은 어땠니?	How was her family?
그녀의 학교는 어떠니?	How is her school?
그녀의 학교는 어땠니?	How was her school?
그녀의 여동생은 어떠니?	How is her sister?
그녀의 여동생은 어땠니?	How was her sister?

DAY 16 | 너는 언제 공부하니?

When do you study?

너는 언제 ~하니?

말풍선: 너는 언제 공부하니?
그렇게 만화책 보면서...
만화
공부? 그런 건 평소에 하는 거란다~

'공부해'는 study, '너는 언제 공부하니?'는 그 앞에 **When do you**를 붙이면 돼요.

 **When do you study?** 이렇게요.
웬 두 유 스터디

영어 문장을 따라하며 에코잉 해 보세요. 🎧 MP3를 들으며 메아리처럼 에코잉 해 보세요.

너는 언제 ~하니? **When do you ~**
       언제 ~했니? **When did you ~**

너는 언제 일하니?
일해 work

When do you work?
웬 두 유 월크

너는 언제 일했니?
일해 work

When did you work?
웬 디드 유 월크

너는 언제 그 회의를 시작하니?
그 회의를 시작해 start the meeting

When do you start the meeting?
웬 두 유 스타트 더 미팅

너는 언제 그 회의를 시작했니?
그 회의를 시작해 start the meeting

When did you start the meeting?
웬 디드 유 스타트 더 미팅

너는 언제 돈이 필요하니?
돈이 필요해 need money

When do you need money?
웬 두 유 니드 머니

너는 언제 돈이 필요했니?
돈이 필요해 need money

When did you need money?
웬 디드 유 니드 머니

너는 언제 신문을 읽니?
신문을 읽어 read a newspaper

When do you read a newspaper?
웬 두 유 뤼드 어 뉴스페이퍼

너는 언제 신문을 읽었니?
신문을 읽어 read a newspaper

When did you read a newspaper?
웬 디드 유 뤼드 어 뉴스페이퍼

영어 문장을 따라하며 에코잉 해 보세요.

> **그들**은 언제 ~하니? When do they ~
> 언제 ~했니? When did they ~

그들은 언제 일하니?
일해 work

When do they work?
웬 두 데이 월크

그들은 언제 일했니?
일해 work

When did they work?
웬 디드 데이 월크

그들은 언제 그 회의를 시작하니?
그 회의를 시작해 start the meeting

When do they start the meeting?
웬 두 데이 스타트 더 미팅

그들은 언제 그 회의를 시작했니?
그 회의를 시작해 start the meeting

When did they start the meeting?
웬 디드 데이 스타트 더 미팅

그들은 언제 돈이 필요하니?
돈이 필요해 need money

When do they need money?
웬 두 데이 니드 머니

그들은 언제 돈이 필요했니?
돈이 필요해 need money

When did they need money?
웬 디드 데이 니드 머니

그들은 언제 신문을 읽니?
신문을 읽어 read a newspaper

When do they read a newspaper?
웬 두 데이 뤼드 어 뉴스페이퍼

그들은 언제 신문을 읽었니?
신문을 읽어 read a newspaper

When did they read a newspaper?
웬 디드 데이 뤼드 어 뉴스페이퍼

우리말만 보고 영어로 **자동발사** 해 보세요. 🎧 MP3를 들으며 자동발사가 되는지 확인해 보세요.

너는 언제 ~하니?, 언제 ~했니?   When do you ~, When did you ~

너는 언제 일하니?   When do you work?
너는 언제 일했니?
너는 언제 그 회의를 시작하니?
너는 언제 그 회의를 시작했니?
너는 언제 돈이 필요하니?
너는 언제 돈이 필요했니?
너는 언제 신문을 읽니?
너는 언제 신문을 읽었니?

그들은 언제 ~하니?, 언제 ~했니?   When do they ~, When did they ~

그들은 언제 일하니?   When do they work?
그들은 언제 일했니?
그들은 언제 그 회의를 시작하니?
그들은 언제 그 회의를 시작했니?
그들은 언제 돈이 필요하니?
그들은 언제 돈이 필요했니?
그들은 언제 신문을 읽니?
그들은 언제 신문을 읽었니?

다시 한 번 말해보면서 자동발사 되는지 **확인** 해 보세요.

너는 언제 ~하니?, 언제 ~했니?

너는 언제 일하니?	When do you work?
너는 언제 일했니?	When did you work?
너는 언제 그 회의를 시작하니?	When do you start the meeting?
너는 언제 그 회의를 시작했니?	When did you start the meeting?
너는 언제 돈이 필요하니?	When do you need money?
너는 언제 돈이 필요했니?	When did you need money?
너는 언제 신문을 읽니?	When do you read a newspaper?
너는 언제 신문을 읽었니?	When did you read a newspaper?

그들은 언제 ~하니?, 언제 ~했니?

그들은 언제 일하니?	When do they work?
그들은 언제 일했니?	When did they work?
그들은 언제 그 회의를 시작하니?	When do they start the meeting?
그들은 언제 그 회의를 시작했니?	When did they start the meeting?
그들은 언제 돈이 필요하니?	When do they need money?
그들은 언제 돈이 필요했니?	When did they need money?
그들은 언제 신문을 읽니?	When do they read a newspaper?
그들은 언제 신문을 읽었니?	When did they read a newspaper?

영어 문장을 따라하며 에코잉 해 보세요. 🎧 MP3를 들으며 메아리처럼 에코잉 해 보세요.

그는 언제 ~하니?
언제 ~했니?
When does he ~
When did he ~

그는 언제 일하니?
일해 work

When does he work?
웬 더즈 히 월크

그는 언제 일했니?
일해 work

When did he work?
웬 디드 히 월크

그는 언제 그 회의를 시작하니?
그 회의를 시작해 start the meeting

When does he start the meeting?
웬 더즈 히 스타트 더 미팅

그는 언제 그 회의를 시작했니?
그 회의를 시작해 start the meeting

When did he start the meeting?
웬 디드 히 스타트 더 미팅

그는 언제 저녁을 만드니?
저녁을 만들어 make dinner

When does he make dinner?
웬 더즈 히 메이크 디너

그는 언제 저녁을 만들었니?
저녁을 만들어 make dinner

When did he make dinner?
웬 디드 히 메이크 디너

그는 언제 그 숙제를 끝내니?
그 숙제를 끝내 finish the homework

When does he finish the homework?
웬 더즈 히 퓨니쉬 더 홈월크

그는 언제 그 숙제를 끝냈니?
그 숙제를 끝내 finish the homework

When did he finish the homework?
웬 디드 히 퓨니쉬 더 홈월크

영어 문장을 따라하며 에코잉 해 보세요.

> **그녀**는 언제 ~하니?　　When does she ~
> 　　　언제 ~했니?　　When did she ~

그녀는 언제 일하니?
일해 work

When does she work?
웬　더즈　쉬　월크

그녀는 언제 일했니?
일해 work

When did she work?
웬　디드　쉬　월크

그녀는 언제 그 회의를 시작하니?
그 회의를 시작해 start the meeting

When does she start the meeting?
웬　더즈　쉬　스타트　더　미팅

그녀는 언제 그 회의를 시작했니?
그 회의를 시작해 start the meeting

When did she start the meeting?
웬　디드　쉬　스타트　더　미팅

그녀는 언제 저녁을 만드니?
저녁을 만들어 make dinner

When does she make dinner?
웬　더즈　쉬　메이크　디너

그녀는 언제 저녁을 만들었니?
저녁을 만들어 make dinner

When did she make dinner?
웬　디드　쉬　메이크　디너

그녀는 언제 그 숙제를 끝내니?
그 숙제를 끝내 finish the homework

When does she finish the homework?
웬　더즈　쉬　퓨니쉬　더　홈월크

그녀는 언제 그 숙제를 끝냈니?
그 숙제를 끝내 finish the homework

When did she finish the homework?
웬　디드　쉬　퓨니쉬　더　홈월크

우리말만 보고 영어로 **자동발사** 해 보세요. 🎧 MP3를 들으며 자동발사가 되는지 확인해 보세요.

그는 언제 ~하니?, 언제 ~했니?   When does he ~, When did he ~

그는 언제 일하니?   📢 When does he work?

그는 언제 일했니?

그는 언제 그 회의를 시작하니?

그는 언제 그 회의를 시작했니?

그는 언제 저녁을 만드니?

그는 언제 저녁을 만들었니?

그는 언제 그 숙제를 끝내니?

그는 언제 그 숙제를 끝냈니?

그녀는 언제 ~하니?, 언제 ~했니?   When does she ~, When did she ~

그녀는 언제 일하니?   📢 When does she work?

그녀는 언제 일했니?

그녀는 언제 그 회의를 시작하니?

그녀는 언제 그 회의를 시작했니?

그녀는 언제 저녁을 만드니?

그녀는 언제 저녁을 만들었니?

그녀는 언제 그 숙제를 끝내니?

그녀는 언제 그 숙제를 끝냈니?

다시 한 번 말해보면서 자동발사 되는지 **확인** 해 보세요.

그는 언제 ~하니?, 언제 ~했니?

그는 언제 일하니?	When does he work?
그는 언제 일했니?	When did he work?
그는 언제 그 회의를 시작하니?	When does he start the meeting?
그는 언제 그 회의를 시작했니?	When did he start the meeting?
그는 언제 저녁을 만드니?	When does he make dinner?
그는 언제 저녁을 만들었니?	When did he make dinner?
그는 언제 그 숙제를 끝내니?	When does he finish the homework?
그는 언제 그 숙제를 끝냈니?	When did he finish the homework?

그녀는 언제 ~하니?, 언제 ~했니?

그녀는 언제 일하니?	When does she work?
그녀는 언제 일했니?	When did she work?
그녀는 언제 그 회의를 시작하니?	When does she start the meeting?
그녀는 언제 그 회의를 시작했니?	When did she start the meeting?
그녀는 언제 저녁을 만드니?	When does she make dinner?
그녀는 언제 저녁을 만들었니?	When did she make dinner?
그녀는 언제 그 숙제를 끝내니?	When does she finish the homework?
그녀는 언제 그 숙제를 끝냈니?	When did she finish the homework?

DAY 17 | 너는 어디에서 공부하니?

Where do you study?

너는 어디에서 ~하니?

너는 어디에서 공부하니?

전교 1등

교과서 위주로 집에서 하면 돼요.

'공부해'는 study, '너는 어디에서 공부하니?'는 그 앞에 **Where do you**를 붙이면 돼요.

 **Where do you study?** 이렇게요.
웨얼   두   유   스터디

따라하며 톡!

영어 문장을 따라하며 에코잉 해 보세요. 🎧 MP3를 들으며 메아리처럼 에코잉 해 보세요.

너는 어디에서 ~하니? Where do you ~
어디에서 ~했니? Where did you ~

너는 어디에서 일하니?
일해 work

Where do you **work?**
웨얼　두　유　월크

너는 어디에서 일했니?
일해 work

Where did you **work?**
웨얼　디드　유　월크

너는 어디에서 옷을 사니?
옷을 사 buy clothes

Where do you **buy clothes?**
웨얼　두　유　바이　클로즈

너는 어디에서 옷을 샀니?
옷을 사 buy clothes

Where did you **buy clothes?**
웨얼　디드　유　바이　클로즈

너는 어디에서 자전거를 타니?
자전거를 타 ride a bicycle

Where do you **ride a bicycle?**
웨얼　두　유　라이드 어　바이씨클

너는 어디에서 자전거를 탔니?
자전거를 타 ride a bicycle

Where did you **ride a bicycle?**
웨얼　디드　유　롸이드 어　바이씨클

너는 어디에서 티켓을 얻니?
티켓을 얻어 get a ticket

Where do you **get a ticket?**
웨얼　두　유　겟 어　티켓

너는 어디에서 티켓을 얻었니?
티켓을 얻어 get a ticket

Where did you **get a ticket?**
웨얼　디드　유　겟 어　티켓

영어 문장을 따라하며 에코잉 해 보세요.

그들은 어디에서 ~하니? **Where do they ~**
　　　어디에서 ~했니? **Where did they ~**

그들은 어디에서 일하니?
일해 work

Where do they work?
웨얼　두　데이　월크

그들은 어디에서 일했니?
일해 work

Where did they work?
웨얼　디드　데이　월크

그들은 어디에서 옷을 사니?
옷을 사 buy clothes

Where do they buy clothes?
웨얼　두　데이　바이　클로즈

그들은 어디에서 옷을 샀니?
옷을 사 buy clothes

Where did they buy clothes?
웨얼　디드　데이　바이　클로즈

그들은 어디에서 자전거를 타니?
자전거를 타 ride a bicycle

Where do they ride a bicycle?
웨얼　두　데이　라이드　어　바이씨클

그들은 어디에서 자전거를 탔니?
자전거를 타 ride a bicycle

Where did they ride a bicycle?
웨얼　디드　데이　라이드　어　바이씨클

그들은 어디에서 티켓을 얻니?
티켓을 얻어 get a ticket

Where do they get a ticket?
웨얼　두　데이　겟　어　티켓

그들은 어디에서 티켓을 얻었니?
티켓을 얻어 get a ticket

Where did they get a ticket?
웨얼　디드　데이　겟　어　티켓

자동발사 톡!

우리말만 보고 영어로 **자동발사** 해 보세요. 🎧 MP3를 들으며 자동발사가 되는지 확인해 보세요.

너는 어디에서 ~하니?, 어디에서 ~했니?   Where do you ~, Where did you ~

너는 어디에서 일하니?	📢 Where do you work?
너는 어디에서 일했니?	
너는 어디에서 옷을 사니?	
너는 어디에서 옷을 샀니?	
너는 어디에서 자전거를 타니?	
너는 어디에서 자전거를 탔니?	
너는 어디에서 티켓을 얻니?	
너는 어디에서 티켓을 얻었니?	

그들은 어디에서 ~하니?, 어디에서 ~했니?   Where do they ~, Where did they ~

그들은 어디에서 일하니?	📢 Where do they work?
그들은 어디에서 일했니?	
그들은 어디에서 옷을 사니?	
그들은 어디에서 옷을 샀니?	
그들은 어디에서 자전거를 타니?	
그들은 어디에서 자전거를 탔니?	
그들은 어디에서 티켓을 얻니?	
그들은 어디에서 티켓을 얻었니?	

다시 한 번 말해보면서 자동발사 되는지 **확인** 해 보세요.

너는 어디에서 ~하니?, 어디에서 ~했니?

너는 어디에서 일하니?	Where do you work?
너는 어디에서 일했니?	Where did you work?
너는 어디에서 옷을 사니?	Where do you buy clothes?
너는 어디에서 옷을 샀니?	Where did you buy clothes?
너는 어디에서 자전거를 타니?	Where do you ride a bicycle?
너는 어디에서 자전거를 탔니?	Where did you ride a bicycle?
너는 어디에서 티켓을 얻니?	Where do you get a ticket?
너는 어디에서 티켓을 얻었니?	Where did you get a ticket?

그들은 어디에서 ~하니?, 어디에서 ~했니?

그들은 어디에서 일하니?	Where do they work?
그들은 어디에서 일했니?	Where did they work?
그들은 어디에서 옷을 사니?	Where do they buy clothes?
그들은 어디에서 옷을 샀니?	Where did they buy clothes?
그들은 어디에서 자전거를 타니?	Where do they ride a bicycle?
그들은 어디에서 자전거를 탔니?	Where did they ride a bicycle?
그들은 어디에서 티켓을 얻니?	Where do they get a ticket?
그들은 어디에서 티켓을 얻었니?	Where did they get a ticket?

영어 문장을 따라하며 에코잉 해 보세요.   MP3를 들으며 메아리처럼 에코잉 해 보세요.

그는 어디에서 ~하니?   Where does he ~
어디에서 ~했니?   Where did he ~

그는 어디에서 일하니?
일해 work

Where does he work?
웨얼   더즈   히   월크

그는 어디에서 일했니?
일해 work

Where did he work?
웨얼   디드   히   월크

그는 어디에서 옷을 사니?
옷을 사 buy clothes

Where does he buy clothes?
웨얼   더즈   히   바이   클로즈

그는 어디에서 옷을 샀니?
옷을 사 buy clothes

Where did he buy clothes?
웨얼   디드   히   바이   클로즈

그는 어디에서 유나를 만나니?
유나를 만나 meet 유나

Where does he meet 유나?
웨얼   더즈   히   미트   유나

그는 어디에서 유나를 만났니?
유나를 만나 meet 유나

Where did he meet 유나?
웨얼   디드   히   미트   유나

그는 어디에서 그 버스를 타니?
그 버스를 타 take the bus

Where does he take the bus?
웨얼   더즈   히   테이크   더   버스

그는 어디에서 그 버스를 탔니?
그 버스를 타 take the bus

Where did he take the bus?
웨얼   디드   히   테이크   더   버스

영어 문장을 따라하며 에코잉 해 보세요.

그녀는 어디에서 ~하니?
어디에서 ~했니?

Where does she ~
Where did she ~

그녀는 어디에서 일하니?
일해 work

Where does she work?
웨얼 더즈 쉬 월크

그녀는 어디에서 일했니?
일해 work

Where did she work?
웨얼 디드 쉬 월크

그녀는 어디에서 옷을 사니?
옷을 사 buy clothes

Where does she buy clothes?
웨얼 더즈 쉬 바이 클로즈

그녀는 어디에서 옷을 샀니?
옷을 사 buy clothes

Where did she buy clothes?
웨얼 디드 쉬 바이 클로즈

그녀는 어디에서 유나를 만나니?
유나를 만나 meet 유나

Where does she meet 유나?
웨얼 더즈 쉬 미트 유나

그녀는 어디에서 유나를 만났니?
유나를 만나 meet 유나

Where did she meet 유나?
웨얼 디드 쉬 미트 유나

그녀는 어디에서 그 버스를 타니?
그 버스를 타 take the bus

Where does she take the bus?
웨얼 더즈 쉬 테이크 더 버스

그녀는 어디에서 그 버스를 탔니?
그 버스를 타 take the bus

Where did she take the bus?
웨얼 디드 쉬 테이크 더 버스

우리말만 보고 영어로 **자동발사** 해 보세요. 🎧 MP3를 들으며 자동발사가 되는지 확인해 보세요.

그는 어디에서 ~하니?, 어디에서 ~했니? Where does he ~, Where did he ~

그는 어디에서 일하니?	📢 Where does he work?
그는 어디에서 일했니?	
그는 어디에서 옷을 사니?	
그는 어디에서 옷을 샀니?	
그는 어디에서 유나를 만나니?	
그는 어디에서 유나를 만났니?	
그는 어디에서 그 버스를 타니?	
그는 어디에서 그 버스를 탔니?	

그녀는 어디에서 ~하니?, 어디에서 ~했니? Where does she ~, Where did she ~

그녀는 어디에서 일하니?	📢 Where does she work?
그녀는 어디에서 일했니?	
그녀는 어디에서 옷을 사니?	
그녀는 어디에서 옷을 샀니?	
그녀는 어디에서 유나를 만나니?	
그녀는 어디에서 유나를 만났니?	
그녀는 어디에서 그 버스를 타니?	
그녀는 어디에서 그 버스를 탔니?	

다시 한 번 말해보면서 자동발사 되는지 **확인** 해 보세요.

그는 어디에서 ~하니?, 어디에서 ~했니?

그는 어디에서 일하니?	Where does he work?
그는 어디에서 일했니?	Where did he work?
그는 어디에서 옷을 사니?	Where does he buy clothes?
그는 어디에서 옷을 샀니?	Where did he buy clothes?
그는 어디에서 유나를 만나니?	Where does he meet 유나?
그는 어디에서 유나를 만났니?	Where did he meet 유나?
그는 어디에서 그 버스를 타니?	Where does he take the bus?
그는 어디에서 그 버스를 탔니?	Where did he take the bus?

그녀는 어디에서 ~하니?, 어디에서 ~했니?

그녀는 어디에서 일하니?	Where does she work?
그녀는 어디에서 일했니?	Where did she work?
그녀는 어디에서 옷을 사니?	Where does she buy clothes?
그녀는 어디에서 옷을 샀니?	Where did she buy clothes?
그녀는 어디에서 유나를 만나니?	Where does she meet 유나?
그녀는 어디에서 유나를 만났니?	Where did she meet 유나?
그녀는 어디에서 그 버스를 타니?	Where does she take the bus?
그녀는 어디에서 그 버스를 탔니?	Where did she take the bus?

DAY 18 | 너는 왜 공부하니?

Why do you study?

너는 왜 ~하니?

> 나는 똑똑한 남자가 좋더라~

> 너는 왜 공부하니?

훗날 꽃피울 나의 봄날을 위해!

'공부해'는 study, '너는 왜 공부하니?'는 그 앞에 **Why do you**를 붙이면 돼요.

Why do you study? 이렇게요.
와이   두   유   스터디

따라하며 톡!

영어 문장을 따라하며 에코잉 해 보세요. MP3를 들으며 메아리처럼 에코잉 해 보세요.

| **너**는 왜 ~하니? | **Why do you ~** |
| 왜 ~했니? | **Why did you ~** |

너는 왜 일하니?
일해 work
Why do you work?
와이 두 유 월크

너는 왜 일했니?
일해 work
Why did you work?
와이 디드 유 월크

너는 왜 골프를 치니?
골프를 쳐 play golf
Why do you play golf?
와이 두 유 플레이 골프

너는 왜 골프를 쳤니?
골프를 쳐 play golf
Why did you play golf?
와이 디드 유 플레이 골프

너는 왜 중국을 방문하니?
중국을 방문해 visit China
Why do you visit China?
와이 두 유 뷔지트 촤이나

너는 왜 중국을 방문했니?
중국을 방문해 visit China
Why did you visit China?
와이 디드 유 뷔지트 촤이나

너는 왜 생선을 싫어하니?
생선을 싫어해 hate fish
Why do you hate fish?
와이 두 유 해이트 퓌쉬

너는 왜 생선을 싫어했니?
생선을 싫어해 hate fish
Why did you hate fish?
와이 디드 유 해이트 퓌쉬

영어 문장을 따라하며 에코잉 해 보세요.

그들은 왜 ~하니? 왜 ~했니?	Why do they ~ Why did they ~

그들은 왜 일하니?
일해 work

Why do they work?
와이 두 데이 월크

그들은 왜 일했니?
일해 work

Why did they work?
와이 디드 데이 월크

그들은 왜 골프를 치니?
골프를 쳐 play golf

Why do they play golf?
와이 두 데이 플레이 골프

그들은 왜 골프를 쳤니?
골프를 쳐 play golf

Why did they play golf?
와이 디드 데이 플레이 골프

그들은 왜 중국을 방문하니?
중국을 방문해 visit China

Why do they visit China?
와이 두 데이 뷔지트 촤이나

그들은 왜 중국을 방문했니?
중국을 방문해 visit China

Why did they visit China?
와이 디드 데이 뷔지트 촤이나

그들은 왜 생선을 싫어하니?
생선을 싫어해 hate fish

Why do they hate fish?
와이 두 데이 해이트 퓌쉬

그들은 왜 생선을 싫어했니?
생선을 싫어해 hate fish

Why did they hate fish?
와이 디드 데이 해이트 퓌쉬

우리말만 보고 영어로 **자동발사** 해 보세요.   MP3를 들으며 자동발사가 되는지 확인해 보세요.

너는 왜 ~하니?, 왜 ~했니?   Why do you ~, Why did you ~

너는 왜 일하니? Why do you work?
너는 왜 일했니?
너는 왜 골프를 치니?
너는 왜 골프를 쳤니?
너는 왜 중국을 방문하니?
너는 왜 중국을 방문했니?
너는 왜 생선을 싫어하니?
너는 왜 생선을 싫어했니?

그들은 왜 ~하니?, 왜 ~했니?   Why do they ~, Why did they ~

그들은 왜 일하니? Why do they work?
그들은 왜 일했니?
그들은 왜 골프를 치니?
그들은 왜 골프를 쳤니?
그들은 왜 중국을 방문하니?
그들은 왜 중국을 방문했니?
그들은 왜 생선을 싫어하니?
그들은 왜 생선을 싫어했니?

다시 한 번 말해보면서 자동발사 되는지 **확인** 해 보세요.

너는 왜 ~하니?, 왜 ~했니?

너는 왜 일하니?	Why do you work?
너는 왜 일했니?	Why did you work?
너는 왜 골프를 치니?	Why do you play golf?
너는 왜 골프를 쳤니?	Why did you play golf?
너는 왜 중국을 방문하니?	Why do you visit China?
너는 왜 중국을 방문했니?	Why did you visit China?
너는 왜 생선을 싫어하니?	Why do you hate fish?
너는 왜 생선을 싫어했니?	Why did you hate fish?

그들은 왜 ~하니?, 왜 ~했니?

그들은 왜 일하니?	Why do they work?
그들은 왜 일했니?	Why did they work?
그들은 왜 골프를 치니?	Why do they play golf?
그들은 왜 골프를 쳤니?	Why did they play golf?
그들은 왜 중국을 방문하니?	Why do they visit China?
그들은 왜 중국을 방문했니?	Why did they visit China?
그들은 왜 생선을 싫어하니?	Why do they hate fish?
그들은 왜 생선을 싫어했니?	Why did they hate fish?

영어 문장을 따라하며 에코잉 해 보세요.   🎧 MP3를 들으며 메아리처럼 에코잉 해 보세요.

| 그는 왜 ~하니? | Why does he ~ |
| 왜 ~했니? | Why did he ~ |

그는 왜 일하니?
일해 work

Why does he work?
와이 더즈 히 월크

그는 왜 일했니?
일해 work

Why did he work?
와이 디드 히 월크

그는 왜 골프를 치니?
골프를 쳐 play golf

Why does he play golf?
와이 더즈 히 플레이 골프

그는 왜 골프를 쳤니?
골프를 쳐 play golf

Why did he play golf?
와이 디드 히 플레이 골프

그는 왜 자동차가 필요하니?
자동차가 필요해 need a car

Why does he need a car?
와이 더즈 히 니드 어 카

그는 왜 자동차가 필요했니?
자동차가 필요해 need a car

Why did he need a car?
와이 디드 히 니드 어 카

그는 왜 지우를 좋아하니?
지우를 좋아해 like 지우

Why does he like 지우?
와이 더즈 히 라이크 지우

그는 왜 지우를 좋아했니?
지우를 좋아해 like 지우

Why did he like 지우?
와이 디드 히 라이크 지우

영어 문장을 따라하며 에코잉 해 보세요.

그녀는 왜 ~하니?
왜 ~했니?

Why does she ~
Why did she ~

그녀는 왜 일하니?
일해 **work**

Why does she work?
와이   더즈   쉬   월크

그녀는 왜 일했니?
일해 **work**

Why did she work?
와이   디드   쉬   월크

그녀는 왜 골프를 치니?
골프를 쳐 **play golf**

Why does she play golf?
와이   더즈   쉬   플레이   골프

그녀는 왜 골프를 쳤니?
골프를 쳐 **play golf**

Why did she play golf?
와이   디드   쉬   플레이   골프

그녀는 왜 자동차가 필요하니?
자동차가 필요해 **need a car**

Why does she need a car?
와이   더즈   쉬   니드   어   카

그녀는 왜 자동차가 필요했니?
자동차가 필요해 **need a car**

Why did she need a car?
와이   디드   쉬   니드   어   카

그녀는 왜 지우를 좋아하니?
지우를 좋아해 **like 지우**

Why does she like 지우?
와이   더즈   쉬   라이크   지우

그녀는 왜 지우를 좋아했니?
지우를 좋아해 **like 지우**

Why did she like 지우?
와이   디드   쉬   라이크   지우

우리말만 보고 영어로 **자동발사** 해 보세요. MP3를 들으며 자동발사가 되는지 확인해 보세요.

그는 왜 ~하니?, 왜 ~했니? — Why does he ~ , Why did he ~

그는 왜 일하니?	Why does he work?
그는 왜 일했니?	
그는 왜 골프를 치니?	
그는 왜 골프를 쳤니?	
그는 왜 자동차가 필요하니?	
그는 왜 자동차가 필요했니?	
그는 왜 지우를 좋아하니?	
그는 왜 지우를 좋아했니?	

그녀는 왜 ~하니?, 왜 ~했니? — Why does she ~, Why did she ~

그녀는 왜 일하니?	Why does she work?
그녀는 왜 일했니?	
그녀는 왜 골프를 치니?	
그녀는 왜 골프를 쳤니?	
그녀는 왜 자동차가 필요하니?	
그녀는 왜 자동차가 필요했니?	
그녀는 왜 지우를 좋아하니?	
그녀는 왜 지우를 좋아했니?	

다시 한 번 말해보면서 자동발사 되는지 **확인** 해 보세요.

그는 왜 ~하니?, 왜 ~했니?

그는 왜 일하니?	Why does he work?
그는 왜 일했니?	Why did he work?
그는 왜 골프를 치니?	Why does he play golf?
그는 왜 골프를 쳤니?	Why did he play golf?
그는 왜 자동차가 필요하니?	Why does he need a car?
그는 왜 자동차가 필요했니?	Why did he need a car?
그는 왜 지우를 좋아하니?	Why does he like 지우?
그는 왜 지우를 좋아했니?	Why did he like 지우?

그녀는 왜 ~하니?, 왜 ~했니?

그녀는 왜 일하니?	Why does she work?
그녀는 왜 일했니?	Why did she work?
그녀는 왜 골프를 치니?	Why does she play golf?
그녀는 왜 골프를 쳤니?	Why did she play golf?
그녀는 왜 자동차가 필요하니?	Why does she need a car?
그녀는 왜 자동차가 필요했니?	Why did she need a car?
그녀는 왜 지우를 좋아하니?	Why does she like 지우?
그녀는 왜 지우를 좋아했니?	Why did she like 지우?

DAY 19 | 나는 밤에 걸었어.

I walked at night.

나는 (언제)에 ~했어

> 나는 밤에 걸었어.

소개팅녀에게 차이고 돌아오는 길... 춥더라.

'나는 걸었어'는 I walked, '나는 밤에 걸었어'는 그 뒤에 at night를 붙이면 돼요.

 **I walked at night.** 이렇게요.
아이 웍트 앳 나이트

따라하며 톡!

영어 문장을 따라하며 에코잉 해 보세요. 🎧 MP3를 들으며 메아리처럼 에코잉 해 보세요.

나는 (언제)에 ~했어   I ~ at 언제
(언제)에 ~ 안 했어

나는 자정에 공부했어.
공부해 study

I studied at midnight.
아이 스터디드 앳 미드나이트

(study에서 y를 i로 바꾸고 ed를 붙여요.)

나는 자정에 공부 안 했어.
공부해 study

I didn't study at midnight.
아이 디든트 스터디 앳 미드나이트

나는 밤에 그 뉴스를 봤어.
그 뉴스를 봐 watch the news

I watched the news at night.
아이 워취드 더 뉴스 앳 나이트

나는 밤에 그 뉴스를 안 봤어.
그 뉴스를 봐 watch the news

I didn't watch the news at night.
아이 디든트 워취 더 뉴스 앳 나이트

나는 6시에 조깅을 끝냈어.
조깅을 끝내 finish jogging

I finished jogging at 6.
아이 퓌니쉬드 조깅 앳 씩스

나는 6시에 조깅을 안 끝냈어.
조깅을 끝내 finish jogging

I didn't finish jogging at 6.
아이 디든트 퓌니쉬 조깅 앳 씩스

나는 오전 7시에 아침을 만들었어.
아침을 만들어 make breakfast

I made breakfast at 7 a.m.
아이 메이드 브뤡풔스트 앳 세븐 에이엠

나는 오전 7시에 아침을 안 만들었어.
아침을 만들어 make breakfast

I didn't make breakfast at 7 a.m.
아이 디든트 메이크 브뤡풔스트 앳 세븐 에이엠

영어 문장을 따라하며 에코잉 해 보세요.

> **그는 (언제)에 ~했어**
> **(언제)에 ~ 안 했어**
>
> He ~ at 언제

그는 자정에 공부했어.
공부해 **study**

He studied at midnight.
히 스터디드 앳 미드나이트

그는 자정에 공부 안 했어.
공부해 **study**

He didn't study at midnight.
히 디든트 스터디 앳 미드나이트

그는 밤에 그 뉴스를 봤어.
그 뉴스를 봐 **watch the news**

He watched the news at night.
히 워취드 더 뉴스 앳 나이트

그는 밤에 그 뉴스를 안 봤어.
그 뉴스를 봐 **watch the news**

He didn't watch the news at night.
히 디든트 워취 더 뉴스 앳 나이트

그는 6시에 조깅을 끝냈어.
조깅을 끝내 **finish jogging**

He finished jogging at 6.
히 퓌니쉬드 조깅 앳 씩스

그는 6시에 조깅을 안 끝냈어.
조깅을 끝내 **finish jogging**

He didn't finish jogging at 6.
히 디든트 퓌니쉬 조깅 앳 씩스

그는 오전 7시에 아침을 만들었어.
아침을 만들어 **make breakfast**

He made breakfast at 7 a.m.
히 메이드 브뤡풔스트 앳 세븐 에이엠

그는 오전 7시에 아침을 안 만들었어.
아침을 만들어 **make breakfast**

He didn't make breakfast at 7 a.m.
히 디든트 메이크 브뤡풔스트 앳 세븐 에이엠

DAY 19

우리말만 보고 영어로 **자동발사** 해 보세요. 　　　🎧 MP3를 들으며 자동발사가 되는지 확인해 보세요.

나는 (언제)에 ~했어, (언제)에 ~ 안 했어　　　I ~ at 언제

나는 자정에 공부했어.	📢 I studied at midnight.
나는 자정에 공부 안 했어.	
나는 밤에 그 뉴스를 봤어.	
나는 밤에 그 뉴스를 안 봤어.	
나는 6시에 조깅을 끝냈어.	
나는 6시에 조깅을 안 끝냈어.	
나는 오전 7시에 아침을 만들었어.	
나는 오전 7시에 아침을 안 만들었어.	

그는 (언제)에 ~했어, (언제)에 ~ 안 했어　　　He ~ at 언제

그는 자정에 공부했어.	📢 He studied at midnight.
그는 자정에 공부 안 했어.	
그는 밤에 그 뉴스를 봤어.	
그는 밤에 그 뉴스를 안 봤어.	
그는 6시에 조깅을 끝냈어.	
그는 6시에 조깅을 안 끝냈어.	
그는 오전 7시에 아침을 만들었어.	
그는 오전 7시에 아침을 안 만들었어.	

다시 한 번 말해보면서 자동발사 되는지 **확인** 해 보세요.

나는 (언제)에 ~했어, (언제)에 ~ 안 했어

나는 자정에 공부했어.	I studied at midnight.
나는 자정에 공부 안 했어.	I didn't study at midnight.
나는 밤에 그 뉴스를 봤어.	I watched the news at night.
나는 밤에 그 뉴스를 안 봤어.	I didn't watch the news at night.
나는 6시에 조깅을 끝냈어.	I finished jogging at 6.
나는 6시에 조깅을 안 끝냈어.	I didn't finish jogging at 6.
나는 오전 7시에 아침을 만들었어.	I made breakfast at 7 a.m.
나는 오전 7시에 아침을 안 만들었어.	I didn't make breakfast at 7 a.m.

그는 (언제)에 ~했어, (언제)에 ~ 안 했어

그는 자정에 공부했어.	He studied at midnight.
그는 자정에 공부 안 했어.	He didn't study at midnight.
그는 밤에 그 뉴스를 봤어.	He watched the news at night.
그는 밤에 그 뉴스를 안 봤어.	He didn't watch the news at night.
그는 6시에 조깅을 끝냈어.	He finished jogging at 6.
그는 6시에 조깅을 안 끝냈어.	He didn't finish jogging at 6.
그는 오전 7시에 아침을 만들었어.	He made breakfast at 7 a.m.
그는 오전 7시에 아침을 안 만들었어.	He didn't make breakfast at 7 a.m.

영어 문장을 따라하며 에코잉 해 보세요. 🎧 MP3를 들으며 메아리처럼 에코잉 해 보세요.

우리는 (언제)에 ~했어　　**We ~ at 언제**
　　(언제)에 ~ 안 했어

우리는 자정에 공부했어.
공부해 study

We studied at midnight.
위　　스터디드　　앳　　미드나이트

우리는 자정에 공부 안 했어.
공부해 study

We didn't study at midnight.
위　디든트　스터디　앳　미드나이트

우리는 밤에 그 뉴스를 봤어.
그 뉴스를 봐 watch the news

We watched the news at night.
위　워취드　더　뉴스　앳　나이트

우리는 밤에 그 뉴스를 안 봤어.
그 뉴스를 봐 watch the news

We didn't watch the news at night.
위　디든트　워취　더　뉴스　앳　나이트

우리는 정오에 그 게임을 시작했어.
그 게임을 시작해 start the game

We started the game at noon.
위　스타티드　더　게임　앳　눈

우리는 정오에 그 게임을 시작 안 했어.
그 게임을 시작해 start the game

We didn't start the game at noon.
위　디든트　스타트　더　게임　앳　눈

우리는 오후 11시에 메시지를 보냈어.
메시지를 보내 send a message

'보냈어'는 sent로 말해요.

We ⓢent a message at 11 p.m.
위　쎈트　어　메세지　앳　일레븐　피엠

우리는 오후 11시에 메시지를 안 보냈어.
메시지를 보내 send a message

We didn't send a message at 11 p.m.
위　디든트　쎈드　어　메세지　앳　일레븐　피엠

영어 문장을 따라하며 에코잉 해 보세요.

그들은 (언제)에 ~했어 / (언제)에 ~ 안 했어
They ~ at 언제

그들은 자정에 공부했어.
공부해 study
They studied at midnight.
데이 스터디드 앳 미드나이트

그들은 자정에 공부 안 했어.
공부해 study
They didn't study at midnight.
데이 디든트 스터디 앳 미드나이트

그들은 밤에 그 뉴스를 봤어.
그 뉴스를 봐 watch the news
They watched the news at night.
데이 워취드 더 뉴스 앳 나이트

그들은 밤에 그 뉴스를 안 봤어.
그 뉴스를 봐 watch the news
They didn't watch the news at night.
데이 디든트 워취 더 뉴스 앳 나이트

그들은 정오에 그 게임을 시작했어.
그 게임을 시작해 start the game
They started the game at noon.
데이 스타티드 더 게임 앳 눈

그들은 정오에 그 게임을 시작 안 했어.
그 게임을 시작해 start the game
They didn't start the game at noon.
데이 디든트 스타트 더 게임 앳 눈

그들은 오후 11시에 메시지를 보냈어.
메시지를 보내 send a message
They sent a message at 11 p.m.
데이 쎈트 어 메세지 앳 일레븐 피엠

그들은 오후 11시에 메시지를 안 보냈어.
메시지를 보내 send a message
They didn't send a message at 11 p.m.
데이 디든트 쎈드 어 메세지 앳 일레븐 피엠

우리말만 보고 영어로 **자동발사** 해 보세요.   MP3를 들으며 자동발사가 되는지 확인해 보세요.

우리는 (언제)에 ~했어, (언제)에 ~ 안 했어 — We ~ at 언제

우리는 자정에 공부했어.	We studied at midnight.
우리는 자정에 공부 안 했어.	
우리는 밤에 그 뉴스를 봤어.	
우리는 밤에 그 뉴스를 안 봤어.	
우리는 정오에 그 게임을 시작했어.	
우리는 정오에 그 게임을 시작 안 했어.	
우리는 오후 11시에 메시지를 보냈어.	
우리는 오후 11시에 메시지를 안 보냈어.	

그들은 (언제)에 ~했어, (언제)에 ~ 안 했어 — They ~ at 언제

그들은 자정에 공부했어.	They studied at midnight.
그들은 자정에 공부 안 했어.	
그들은 밤에 그 뉴스를 봤어.	
그들은 밤에 그 뉴스를 안 봤어.	
그들은 정오에 그 게임을 시작했어.	
그들은 정오에 그 게임을 시작 안 했어.	
그들은 오후 11시에 메시지를 보냈어.	
그들은 오후 11시에 메시지를 안 보냈어.	

다시 한 번 말해보면서 자동발사 되는지 **확인** 해 보세요.

우리는 (언제)에 ~했어, (언제)에 ~ 안 했어

우리는 자정에 공부했어.	We studied at midnight.
우리는 자정에 공부 안 했어.	We didn't study at midnight.
우리는 밤에 그 뉴스를 봤어.	We watched the news at night.
우리는 밤에 그 뉴스를 안 봤어.	We didn't watch the news at night.
우리는 정오에 그 게임을 시작했어.	We started the game at noon.
우리는 정오에 그 게임을 시작 안 했어.	We didn't start the game at noon.
우리는 오후 11시에 메시지를 보냈어.	We sent a message at 11 p.m.
우리는 오후 11시에 메시지를 안 보냈어.	We didn't send a message at 11 p.m.

그들은 (언제)에 ~했어, (언제)에 ~ 안 했어

그들은 자정에 공부했어.	They studied at midnight.
그들은 자정에 공부 안 했어.	They didn't study at midnight.
그들은 밤에 그 뉴스를 봤어.	They watched the news at night.
그들은 밤에 그 뉴스를 안 봤어.	They didn't watch the news at night.
그들은 정오에 그 게임을 시작했어.	They started the game at noon.
그들은 정오에 그 게임을 시작 안 했어.	They didn't start the game at noon.
그들은 오후 11시에 메시지를 보냈어.	They sent a message at 11 p.m.
그들은 오후 11시에 메시지를 안 보냈어.	They didn't send a message at 11 p.m.

더글라스 선생님의 동영상강의

DAY 20

나는 공원에서 걸었어.
I walked in a park.

나는 (어디)에서 ~했어

나는 공원에서 걸었어.

내가 이렇게 10kg 뺐다니깐~

짝! 짝!

생활 운동의 달인!!

'나는 걸었어'는 I walked, '나는 공원에서 걸었어'는 그 뒤에 **in a park**를 붙이면 돼요.

 **I walked in a park.** 이렇게요.
아이 웍트 인 어 파크

영어 문장을 따라하며 에코잉 해 보세요. 🎧 MP3를 들으며 메아리처럼 에코잉 해 보세요.

| 나는 (어디)에서 ~했어 | I ~ in 어디 |
| (어디)에서 ~ 안 했어 | |

나는 그 도서관에서 공부했어.
공부해 study
I studied in the library.
아이 스터디드 인 더 라이브뤄리

나는 그 도서관에서 공부 안 했어.
공부해 study
I didn't study in the library.
아이 디든트 스터디 인 더 라이브뤄리

나는 그 카페에서 이메일을 확인했어.
이메일을 확인해 check e-mail
I checked e-mail in the café.
아이 췍트 이메일 인 더 카풰

나는 그 카페에서 이메일을 확인 안 했어.
이메일을 확인해 check e-mail
I didn't check e-mail in the café.
아이 디든트 췌크 이메일 인 더 카풰

나는 나의 집에서 차를 마셨어.
차를 마셔 drink tea
I drank tea in my house.
아이 드뤵크 티 인 마이 하우스

나는 나의 집에서 차를 안 마셨어.
차를 마셔 drink tea
I didn't drink tea in my house.
아이 디든트 드링크 티 인 마이 하우스

나는 학교에서 민수를 만났어.
민수를 만나 meet 민수
I met 민수 in school.
아이 멧 민수 인 스쿨
'만났어'는 met으로 말해요.

나는 학교에서 민수를 안 만났어.
민수를 만나 meet 민수
I didn't meet 민수 in school.
아이 디든트 미트 민수 인 스쿨

영어 문장을 따라하며 에코잉 해 보세요.

> **그녀**는 (어디)에서 ~했어   She ~ in 어디
>   (어디)에서 ~ 안 했어

그녀는 그 도서관에서 공부했어.
공부해 study

She studied in the library.
쉬   스터디드   인   더   라이브뤄뤼

그녀는 그 도서관에서 공부 안 했어.
공부해 study

She didn't study in the library.
쉬   디든트   스터디   인   더   라이브뤄뤼

그녀는 그 카페에서 이메일을 확인했어.
이메일을 확인해 check e-mail

She checked e-mail in the café.
쉬   췍트   이메일   인   더   카풰

그녀는 그 카페에서 이메일을 확인 안 했어.
이메일을 확인해 check e-mail

She didn't check e-mail in the café.
쉬   디든트   췌크   이메일   인   더   카풰

그녀는 나의 집에서 차를 마셨어.
차를 마셔 drink tea

She drank tea in my house.
쉬   드뤵크   티   인   마이   하우스

그녀는 나의 집에서 차를 안 마셨어.
차를 마셔 drink tea

She didn't drink tea in my house.
쉬   디든트   드링크   티   인   마이   하우스

그녀는 학교에서 민수를 만났어.
민수를 만나 meet 민수

She met 민수 in school.
쉬   멧   민수   인   스쿨

그녀는 학교에서 민수를 안 만났어.
민수를 만나 meet 민수

She didn't meet 민수 in school.
쉬   디든트   미트   민수   인   스쿨

우리말만 보고 영어로 **자동발사** 해 보세요.   MP3를 들으며 자동발사가 되는지 확인해 보세요.

나는 (어디)에서 ~했어, (어디)에서 ~ 안 했어   I ~ in 어디

나는 그 도서관에서 공부했어.   I studied in the library.
나는 그 도서관에서 공부 안 했어.
나는 그 카페에서 이메일을 확인했어.
나는 그 카페에서 이메일을 확인 안 했어.
나는 나의 집에서 차를 마셨어.
나는 나의 집에서 차를 안 마셨어.
나는 학교에서 민수를 만났어.
나는 학교에서 민수를 안 만났어.

그녀는 (어디)에서 ~했어, (어디)에서 ~ 안 했어   She ~ in 어디

그녀는 그 도서관에서 공부했어.   She studied in the library.
그녀는 그 도서관에서 공부 안 했어.
그녀는 그 카페에서 이메일을 확인했어.
그녀는 그 카페에서 이메일을 확인 안 했어.
그녀는 나의 집에서 차를 마셨어.
그녀는 나의 집에서 차를 안 마셨어.
그녀는 학교에서 민수를 만났어.
그녀는 학교에서 민수를 안 만났어.

다시 한 번 말해보면서 자동발사 되는지 **확인** 해 보세요.

나는 (어디)에서 ~했어, (어디)에서 ~ 안 했어

나는 그 도서관에서 공부했어.	I studied in the library.
나는 그 도서관에서 공부 안 했어.	I didn't study in the library.
나는 그 카페에서 이메일을 확인했어.	I checked e-mail in the café.
나는 그 카페에서 이메일을 확인 안 했어.	I didn't check e-mail in the café.
나는 나의 집에서 차를 마셨어.	I drank tea in my house.
나는 나의 집에서 차를 안 마셨어.	I didn't drink tea in my house.
나는 학교에서 민수를 만났어.	I met 민수 in school.
나는 학교에서 민수를 안 만났어.	I didn't meet 민수 in school.

그녀는 (어디)에서 ~했어, (어디)에서 ~ 안 했어

그녀는 그 도서관에서 공부했어.	She studied in the library.
그녀는 그 도서관에서 공부 안 했어.	She didn't study in the library.
그녀는 그 카페에서 이메일을 확인했어.	She checked e-mail in the café.
그녀는 그 카페에서 이메일을 확인 안 했어.	She didn't check e-mail in the café.
그녀는 나의 집에서 차를 마셨어.	She drank tea in my house.
그녀는 나의 집에서 차를 안 마셨어.	She didn't drink tea in my house.
그녀는 학교에서 민수를 만났어.	She met 민수 in school.
그녀는 학교에서 민수를 안 만났어.	She didn't meet 민수 in school.

영어 문장을 따라하며 에코잉 해 보세요. 🎧 MP3를 들으며 메아리처럼 에코잉 해 보세요.

> **우리**는 (어디)에서 ~했어   We ~ in 어디
> (어디)에서 ~ 안 했어

우리는 그 도서관에서 공부했어.
공부해 study
We studied in the library.
위   스터디드   인   더   라이브러뤼

우리는 그 도서관에서 공부 안 했어.
공부해 study
We didn't study in the library.
위   디든트   스터디   인   더   라이브러뤼

우리는 그 카페에서 이메일을 확인했어.
이메일을 확인해 check e-mail
We checked e-mail in the café.
위   쳌트   이메일   인   더   카페

우리는 그 카페에서 이메일을 확인 안 했어.
이메일을 확인해 check e-mail
We didn't check e-mail in the café.
위   디든트   췌크   이메일   인   더   카페

우리는 그 공원에서 테니스를 쳤어.
테니스를 쳐 play tennis
We played tennis in the park.
위   플레이드   테니스   인   더   파크

우리는 그 공원에서 테니스를 안 쳤어.
테니스를 쳐 play tennis
We didn't play tennis in the park.
위   디든트   플레이   테니스   인   더   파크

'썼어'는 wrote로 말해요.

우리는 그 방에서 리포트를 썼어.
리포트를 써 write a report
We wrote a report in the room.
위   로트   어   뤼포트   인   더   룸

우리는 그 방에서 리포트를 안 썼어.
리포트를 써 write a report
We didn't write a report in the room.
위   디든트   롸이트   어   뤼포트   인   더   룸

영어 문장을 따라하며 에코잉 해 보세요.

그들은 (어디)에서 ~했어 / (어디)에서 ~ 안 했어   They ~ in 어디

그들은 그 도서관에서 공부했어.
공부해 study
They studied in the library.
데이 스터디드 인 더 라이브뤄뤼

그들은 그 도서관에서 공부 안 했어.
공부해 study
They didn't study in the library.
데이 디든트 스터디 인 더 라이브뤄뤼

그들은 그 카페에서 이메일을 확인했어.
이메일을 확인해 check e-mail
They checked e-mail in the café.
데이 쳌트 이메일 인 더 카풰

그들은 그 카페에서 이메일을 확인 안 했어.
이메일을 확인해 check e-mail
They didn't check e-mail in the café.
데이 디든트 췌크 이메일 인 더 카풰

그들은 그 공원에서 테니스를 쳤어.
테니스를 쳐 play tennis
They played tennis in the park.
데이 플레이드 테니스 인 더 파크

그들은 그 공원에서 테니스를 안 쳤어.
테니스를 쳐 play tennis
They didn't play tennis in the park.
데이 디든트 플레이 테니스 인 더 파크

그들은 그 방에서 리포트를 썼어.
리포트를 써 write a report
They wrote a report in the room.
데이 로트 어 뤼포트 인 더 룸

그들은 그 방에서 리포트를 안 썼어.
리포트를 써 write a report
They didn't write a report in the room.
데이 디든트 롸이트 어 뤼포트 인 더 룸

우리말만 보고 영어로 **자동발사** 해 보세요. 🎧 MP3를 들으며 자동발사가 되는지 확인해 보세요.

우리는 (어디)에서 ~했어, (어디)에서 ~ 안 했어   We ~ in 어디

우리는 그 도서관에서 공부했어.	📢 We studied in the library.
우리는 그 도서관에서 공부 안 했어.	
우리는 그 카페에서 이메일을 확인했어.	
우리는 그 카페에서 이메일을 확인 안 했어.	
우리는 그 공원에서 테니스를 쳤어.	
우리는 그 공원에서 테니스를 안 쳤어.	
우리는 그 방에서 리포트를 썼어.	
우리는 그 방에서 리포트를 안 썼어.	

그들은 (어디)에서 ~했어, (어디)에서 ~ 안 했어   They ~ in 어디

그들은 그 도서관에서 공부했어.	📢 They studied in the library.
그들은 그 도서관에서 공부 안 했어.	
그들은 그 카페에서 이메일을 확인했어.	
그들은 그 카페에서 이메일을 확인 안 했어.	
그들은 그 공원에서 테니스를 쳤어.	
그들은 그 공원에서 테니스를 안 쳤어.	
그들은 그 방에서 리포트를 썼어.	
그들은 그 방에서 리포트를 안 썼어.	

다시 한 번 말해보면서 자동발사 되는지 **확인** 해 보세요.

우리는 (어디)에서 ~했어, (어디)에서 ~ 안 했어

우리는 그 도서관에서 공부했어.	We studied in the library.
우리는 그 도서관에서 공부 안 했어.	We didn't study in the library.
우리는 그 카페에서 이메일을 확인했어.	We checked e-mail in the café.
우리는 그 카페에서 이메일을 확인 안 했어.	We didn't check e-mail in the café.
우리는 그 공원에서 테니스를 쳤어.	We played tennis in the park.
우리는 그 공원에서 테니스를 안 쳤어.	We didn't play tennis in the park.
우리는 그 방에서 리포트를 썼어.	We wrote a report in the room.
우리는 그 방에서 리포트를 안 썼어.	We didn't write a report in the room.

그들은 (어디)에서 ~했어, (어디)에서 ~ 안 했어

그들은 그 도서관에서 공부했어.	They studied in the library.
그들은 그 도서관에서 공부 안 했어.	They didn't study in the library.
그들은 그 카페에서 이메일을 확인했어.	They checked e-mail in the café.
그들은 그 카페에서 이메일을 확인 안 했어.	They didn't check e-mail in the café.
그들은 그 공원에서 테니스를 쳤어.	They played tennis in the park.
그들은 그 공원에서 테니스를 안 쳤어.	They didn't play tennis in the park.
그들은 그 방에서 리포트를 썼어.	They wrote a report in the room.
그들은 그 방에서 리포트를 안 썼어.	They didn't write a report in the room.

해커스톡 자동발사영어

자동발사 최종 확인!

도전 방법

💬 주어진 한글 문장을 보고 영어로 자동발사 되는지 말해 보세요.

☑ 자동발사된 문장은 오른쪽 네모 상자에 표시해 보세요.
자동발사 되지 않은 문장들은 정답을 확인하여 다시 한 번 영어로 말해 보세요.

DAY 01 p.7~15

우리말만 보고 영어로 자동발사 되는지 표시(✓)해 보세요.

1. 나는 점심을 먹고 있어. ☐
2. 나는 영화를 안 보고 있어. ☐
3. 나는 책을 안 읽고 있어. ☐
4. 우리는 요리하고 있어. ☐
5. 우리는 영화를 안 보고 있어. ☐
6. 그는 요리하고 있어. ☐
7. 그는 축구를 하고 있어. ☐
8. 그는 편지를 안 쓰고 있어. ☐
9. 그녀는 점심을 먹고 있어. ☐
10. 그녀는 편지를 안 쓰고 있어. ☐

정답

1. I am eating lunch.
2. I am not watching a movie.
3. I am not reading a book.
4. We are cooking.
5. We are not watching a movie.
6. He is cooking.
7. He is playing soccer.
8. He is not writing a letter.
9. She is eating lunch.
10. She is not writing a letter.

DAY 02 p.17~25

우리말만 보고 영어로 자동발사 되는지 표시(✓)해 보세요.

1	너는 요리하고 있니?	☐
2	너는 자고 있니?	☐
3	너는 수지를 만나고 있니?	☐
4	그들은 영어를 공부하고 있니?	☐
5	그들은 민호를 돕고 있니?	☐
6	그는 이메일을 확인하고 있니?	☐
7	그는 부산을 방문하고 있니?	☐
8	그는 맥주를 마시고 있니?	☐
9	그녀는 그림을 그리고 있니?	☐
10	그녀는 자동차를 운전하고 있니?	☐

정답

1. Are you cooking?
2. Are you sleeping?
3. Are you meeting 수지?
4. Are they studying English?
5. Are they helping 민호?
6. Is he checking e-mail?
7. Is he visiting 부산?
8. Is he drinking beer?
9. Is she drawing a picture?
10. Is she driving a car?

우리말만 보고 영어로 자동발사 되는지 표시(✓)해 보세요.

1 나는 그 자동차를 고치고 있었어. ☐
2 나는 골프를 안 치고 있었어. ☐
3 나는 그 파티를 안 즐기고 있었어. ☐
4 우리는 노래하고 있었어. ☐
5 우리는 골프를 안 치고 있었어. ☐
6 그는 노래하고 있었어. ☐
7 그는 TV를 보고 있었어. ☐
8 그는 파이를 안 굽고 있었어. ☐
9 그녀는 그 자동차를 고치고 있었어. ☐
10 그녀는 파이를 안 굽고 있었어. ☐

정답

1 I was fixing the car.
2 I was not playing golf.
3 I was not enjoying the party.
4 We were singing.
5 We were not playing golf.
6 He was singing.
7 He was watching TV.
8 He was not baking a pie.
9 She was fixing the car.
10 She was not baking a pie.

DAY 04 p.37~45

우리말만 보고 영어로 자동발사 되는지 표시(✓)해 보세요.

1	너는 노래하고 있었니?	☐
2	너는 걷고 있었니?	☐
3	너는 민수를 돕고 있었니?	☐
4	그들은 역사를 공부하고 있었니?	☐
5	그들은 자동차를 운전하고 있었니?	☐
6	그는 신문을 읽고 있었니?	☐
7	그는 그림을 그리고 있었니?	☐
8	그는 그 욕실을 청소하고 있었니?	☐
9	그녀는 커피를 마시고 있었니?	☐
10	그녀는 자전거를 타고 있었니?	☐

정답

1 Were you singing?
2 Were you walking?
3 Were you helping 민수?
4 Were they studying history?
5 Were they driving a car?
6 Was he reading a newspaper?
7 Was he drawing a picture?
8 Was he cleaning the bathroom?
9 Was she drinking coffee?
10 Was she riding a bicycle?

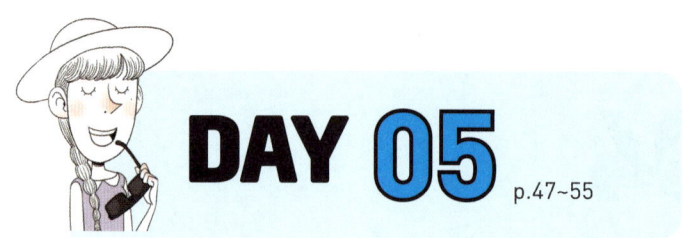

DAY 05 p.47~55

우리말만 보고 영어로 자동발사 되는지 표시(✓)해 보세요.

1 나는 떠날 거야. ☐

2 나는 수영할 거야. ☐

3 나는 물을 아낄 거야. ☐

4 우리는 버스를 탈 거야. ☐

5 우리는 음식을 가져올 거야. ☐

6 그는 집을 살 거야. ☐

7 그는 카드를 보낼 거야. ☐

8 그는 코트를 입을 거야. ☐

9 그녀는 그 자동차를 팔 거야. ☐

10 그녀는 직업을 얻을 거야. ☐

정답

1 I am going to leave.
2 I am going to swim.
3 I am going to save water.
4 We are going to take a bus.
5 We are going to bring food.
6 He is going to buy a house.
7 He is going to send a card.
8 He is going to wear a coat.
9 She is going to sell the car.
10 She is going to get a job.

DAY 06 p.57~65

우리말만 보고 영어로 자동발사 되는지 표시(✓)해 보세요.

1	나는 안 떠날 거야.	☐
2	나는 안 싸울 거야.	☐
3	나는 와인을 안 마실 거야.	☐
4	그들은 너의 자동차를 안 고칠 거야.	☐
5	그들은 그 문을 안 열 거야.	☐
6	그는 돈을 안 쓸 거야.	☐
7	그는 일기를 안 쓸 거야.	☐
8	그는 게임을 시작 안 할 거야.	☐
9	그녀는 책을 안 읽을 거야.	☐
10	그녀는 현금을 지불 안 할 거야.	☐

정답

1 I am not going to leave.
2 I am not going to fight.
3 I am not going to drink wine.
4 They are not going to fix your car.
5 They are not going to open the door.
6 He is not going to spend money.
7 He is not going to write a diary.
8 He is not going to start a game.
9 She is not going to read a book.
10 She is not going to pay cash.

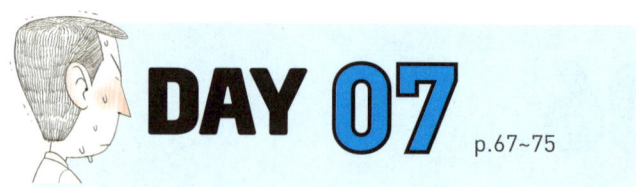

DAY 07 p.67~75

우리말만 보고 영어로 자동발사 되는지 표시(✓)해 보세요.

1 너는 떠날 거니? ☐

2 너는 걸을 거니? ☐

3 너는 요가를 배울 거니? ☐

4 그들은 편지를 보낼 거니? ☐

5 그들은 민호를 만날 거니? ☐

6 그는 가방을 살 거니? ☐

7 그는 재킷을 입을 거니? ☐

8 그는 이메일을 확인할 거니? ☐

9 그녀는 너를 도울 거니? ☐

10 그녀는 그 소파를 바꿀 거니? ☐

정답

1 Are you going to leave?
2 Are you going to walk?
3 Are you going to learn yoga?
4 Are they going to send a letter?
5 Are they going to meet 민호?
6 Is he going to buy a bag?
7 Is he going to wear a jacket?
8 Is he going to check e-mail?
9 Is she going to help you?
10 Is she going to change the sofa?

DAY 08 p.77~85

우리말만 보고 영어로 자동발사 되는지 표시(✓)해 보세요.

1 나는 가야만 해.

2 나는 기다려야만 해.

3 나는 LA를 방문해야만 해.

4 그들은 그 게임을 이겨야만 해.

5 그들은 그 방을 청소해야만 해.

6 그는 시간을 아껴야만 해.

7 그는 점심을 만들어야만 해.

8 그는 과학을 공부해야만 해.

9 그녀는 메모를 써야만 해.

10 그녀는 직업을 얻어야만 해.

정답

1 I have to go.
2 I have to wait.
3 I have to visit LA.
4 They have to win the game.
5 They have to clean the room.
6 He has to save time.
7 He has to make lunch.
8 He has to study science.
9 She has to write a memo.
10 She has to get a job.

DAY 09 p.87~95

우리말만 보고 영어로 자동발사 되는지 표시(✓)해 보세요.

1 나는 안 가도 돼. ☐
2 나는 걱정 안 해도 돼. ☐
3 나는 현금을 지불 안 해도 돼. ☐
4 그들은 커피를 안 마셔도 돼. ☐
5 그들은 잡지를 안 읽어도 돼. ☐
6 그는 중국어를 말 안 해도 돼. ☐
7 그는 재킷을 안 입어도 돼. ☐
8 그는 선물을 안 보내도 돼. ☐
9 그녀는 지우를 안 도와도 돼. ☐
10 그녀는 돈을 안 벌어도 돼. ☐

정답

1 I don't have to go.
2 I don't have to worry.
3 I don't have to pay cash.
4 They don't have to drink coffee.
5 They don't have to read a magazine.
6 He doesn't have to speak Chinese.
7 He doesn't have to wear a jacket.
8 He doesn't have to send a gift.
9 She doesn't have to help 지우.
10 She doesn't have to earn money.

DAY 10 p.97~105

우리말만 보고 영어로 자동발사 되는지 표시(✓)해 보세요.

1. 나는 가야만 하니? ☐
2. 나는 여행 가야만 하니? ☐
3. 나는 물을 아껴야만 하니? ☐
4. 너는 직업을 얻어야만 하니? ☐
5. 너는 캐나다를 방문해야만 하니? ☐
6. 그들은 리포트를 써야만 하니? ☐
7. 그들은 민호를 초대해야만 하니? ☐
8. 그들은 카메라를 가져와야만 하니? ☐
9. 그는 수학을 공부해야만 하니? ☐
10. 그는 그 부엌을 청소해야만 하니? ☐

정답

1. Do I have to go?
2. Do I have to travel?
3. Do I have to save water?
4. Do you have to get a job?
5. Do you have to visit Canada?
6. Do they have to write a report?
7. Do they have to invite 민호?
8. Do they have to bring a camera?
9. Does he have to study math?
10. Does he have to clean the kitchen?

DAY 11 p.107~115

우리말만 보고 영어로 자동발사 되는지 표시(✓)해 보세요.

발사!

1 나는 머무르고 싶어. ☐

2 나는 알고 싶어. ☐

3 나는 그 파티를 즐기고 싶어. ☐

4 우리는 트럭을 운전하고 싶어. ☐

5 우리는 컴퓨터를 사용하고 싶어. ☐

6 그들은 너를 돕고 싶어. ☐

7 그들은 자전거를 타고 싶어. ☐

8 그들은 그 상자를 열고 싶어. ☐

9 그는 그 게임을 이기고 싶어. ☐

10 그는 택시를 타고 싶어. ☐

정답

1 I want to stay.
2 I want to know.
3 I want to enjoy the party.
4 We want to drive a truck.
5 We want to use a computer.
6 They want to help you.
7 They want to ride a bicycle.
8 They want to open the box.
9 He wants to win the game.
10 He wants to take a taxi.

DAY 12 p.117~125

우리말만 보고 영어로 자동발사 되는지 표시(✓)해 보세요.

1 나는 안 머무르고 싶어.

2 나는 안 멈추고 싶어.

3 나는 그 집을 안 팔고 싶어.

4 우리는 그 문을 안 닫고 싶어.

5 우리는 샐러드를 안 먹고 싶어.

6 그들은 그 경주를 안 지고 싶어.

7 그들은 현금을 지불 안 하고 싶어.

8 그들은 파이를 안 굽고 싶어.

9 그녀는 그 벽을 안 칠하고 싶어.

10 그녀는 유나를 초대 안 하고 싶어.

정답

1 I don't want to stay.
2 I don't want to stop.
3 I don't want to sell the house.
4 We don't want to close the door.
5 We don't want to eat salad.
6 They don't want to lose the race.
7 They don't want to pay cash.
8 They don't want to bake a pie.
9 She doesn't want to paint the wall.
10 She doesn't want to invite 유나.

DAY 13 p.127~135

우리말만 보고 영어로 자동발사 되는지 표시(✓)해 보세요.

1 너는 머무르고 싶니? ☐
2 너는 시도하고 싶니? ☐
3 너는 자동차를 사고 싶니? ☐
4 그들은 그 규칙을 바꾸고 싶니? ☐
5 그들은 컴퓨터를 사용하고 싶니? ☐
6 그는 영어를 말하고 싶니? ☐
7 그는 주스를 마시고 싶니? ☐
8 그는 기회를 얻고 싶니? ☐
9 그녀는 택시를 타고 싶니? ☐
10 그녀는 LA를 방문하고 싶니? ☐

정답

1 Do you want to stay?
2 Do you want to try?
3 Do you want to buy a car?
4 Do they want to change the rule?
5 Do they want to use a computer?
6 Does he want to speak English?
7 Does he want to drink juice?
8 Does he want to get a chance?
9 Does she want to take a taxi?
10 Does she want to visit LA?

DAY 14 p.137~145

우리말만 보고 영어로 자동발사 되는지 표시(☑)해 보세요.

1 너의 직업은 무엇이니? ☐
2 너의 취미는 무엇이었니? ☐
3 너의 계획은 무엇이었니? ☐
4 그들의 꿈은 무엇이니? ☐
5 그들의 취미는 무엇이었니? ☐
6 그의 꿈은 무엇이니? ☐
7 그의 아이디어는 무엇이니? ☐
8 그의 문제는 무엇이었니? ☐
9 그녀의 직업은 무엇이니? ☐
10 그녀의 문제는 무엇이었니? ☐

정답

1 What is your job?
2 What was your hobby?
3 What was your plan?
4 What is their dream?
5 What was their hobby?
6 What is his dream?
7 What is his idea?
8 What was his problem?
9 What is her job?
10 What was her problem?

DAY 15 p.147~155

우리말만 보고 영어로 자동발사 되는지 표시(☑)해 보세요.

1 너의 가족은 어떠니? ☐
2 너의 프로젝트는 어땠니? ☐
3 너의 엄마는 어땠니? ☐
4 그들의 건강은 어떠니? ☐
5 그들의 프로젝트는 어땠니? ☐
6 그의 건강은 어떠니? ☐
7 그의 학교는 어떠니? ☐
8 그의 여동생은 어땠니? ☐
9 그녀의 가족은 어떠니? ☐
10 그녀의 여동생은 어땠니? ☐

정답

1 How is your family?
2 How was your project?
3 How was your mom?
4 How is their health?
5 How was their project?
6 How is his health?
7 How is his school?
8 How was his sister?
9 How is her family?
10 How was her sister?

p.157~165

우리말만 보고 영어로 자동발사 되는지 표시(✓)해 보세요.

1 너는 언제 그 회의를 시작하니?

2 너는 언제 돈이 필요했니?

3 너는 언제 신문을 읽었니?

4 그들은 언제 일하니?

5 그들은 언제 돈이 필요했니?

6 그는 언제 일하니?

7 그는 언제 저녁을 만드니?

8 그는 언제 그 숙제를 끝냈니?

9 그녀는 언제 그 회의를 시작하니?

10 그녀는 언제 그 숙제를 끝냈니?

정답

1 When do you start the meeting?
2 When did you need money?
3 When did you read a newspaper?
4 When do they work?
5 When did they need money?
6 When does he work?
7 When does he make dinner?
8 When did he finish the homework?
9 When does she start the meeting?
10 When did she finish the homework?

DAY 17 p.167~175

우리말만 보고 영어로 자동발사 되는지 표시(☑)해 보세요.

1 너는 어디에서 옷을 사니? ☐
2 너는 어디에서 자전거를 탔니? ☐
3 너는 어디에서 티켓을 얻었니? ☐
4 그들은 어디에서 일하니? ☐
5 그들은 어디에서 자전거를 탔니? ☐
6 그는 어디에서 일하니? ☐
7 그는 어디에서 유나를 만나니? ☐
8 그는 어디에서 그 버스를 탔니? ☐
9 그녀는 어디에서 옷을 사니? ☐
10 그녀는 어디에서 그 버스를 탔니? ☐

정답
1 Where do you buy clothes?
2 Where did you ride a bicycle?
3 Where did you get a ticket?
4 Where do they work?
5 Where did they ride a bicycle?
6 Where does he work?
7 Where does he meet 유나?
8 Where did he take the bus?
9 Where does she buy clothes?
10 Where did she take the bus?

DAY 18 p.177~185

우리말만 보고 영어로 자동발사 되는지 표시(✓)해 보세요.

1 너는 왜 골프를 치니? ☐
2 너는 왜 중국을 방문했니? ☐
3 너는 왜 생선을 싫어했니? ☐
4 그들은 왜 일하니? ☐
5 그들은 왜 중국을 방문했니? ☐
6 그는 왜 일하니? ☐
7 그는 왜 자동차가 필요하니? ☐
8 그는 왜 지우를 좋아했니? ☐
9 그녀는 왜 골프를 치니? ☐
10 그녀는 왜 지우를 좋아했니? ☐

정답
1 Why do you play golf?
2 Why did you visit China?
3 Why did you hate fish?
4 Why do they work?
5 Why did they visit China?
6 Why does he work?
7 Why does he need a car?
8 Why did he like 지우?
9 Why does she play golf?
10 Why did she like 지우?

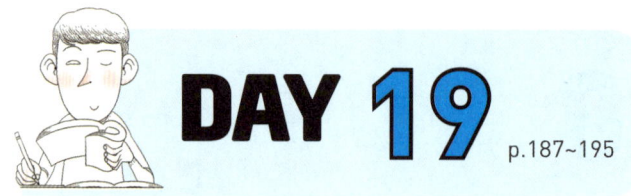

DAY 19 p.187~195

우리말만 보고 영어로 자동발사 되는지 표시(✓)해 보세요.

1. 나는 밤에 그 뉴스를 봤어. ☐
2. 나는 6시에 조깅을 안 끝냈어. ☐
3. 나는 오전 7시에 아침을 안 만들었어. ☐
4. 그는 자정에 공부했어. ☐
5. 그는 6시에 조깅을 안 끝냈어. ☐
6. 우리는 자정에 공부했어. ☐
7. 우리는 정오에 그 게임을 시작했어. ☐
8. 우리는 오후 11시에 메시지를 안 보냈어. ☐
9. 그들은 밤에 그 뉴스를 봤어. ☐
10. 그들은 오후 11시에 메시지를 안 보냈어. ☐

정답

1. I watched the news at night.
2. I didn't finish jogging at 6.
3. I didn't make breakfast at 7 a.m.
4. He studied at midnight.
5. He didn't finish jogging at 6.
6. We studied at midnight.
7. We started the game at noon.
8. We didn't send a message at 11 p.m.
9. They watched the news at night.
10. They didn't send a message at 11 p.m.

DAY 20 p.197~205

우리말만 보고 영어로 자동발사 되는지 표시(✓)해 보세요.

1 나는 그 카페에서 이메일을 확인했어. ☐
2 나는 나의 집에서 차를 안 마셨어. ☐
3 나는 학교에서 민수를 안 만났어. ☐
4 그녀는 그 도서관에서 공부했어. ☐
5 그녀는 나의 집에서 차를 안 마셨어. ☐
6 우리는 그 도서관에서 공부했어. ☐
7 우리는 그 공원에서 테니스를 쳤어. ☐
8 우리는 그 방에서 리포트를 안 썼어. ☐
9 그들은 그 카페에서 이메일을 확인했어. ☐
10 그들은 그 방에서 리포트를 안 썼어. ☐

정답

1 I checked e-mail in the café.
2 I didn't drink tea in my house.
3 I didn't meet 민수 in school.
4 She studied in the library.
5 She didn't drink tea in my house.
6 We studied in the library.
7 We played tennis in the park.
8 We didn't write a report in the room.
9 They checked e-mail in the café.
10 They didn't write a report in the room.